Arnold Körte

Begegnungen mit Walter Gropius in »The Architects Collaborative« TAC

Arnold Körte

BEGEGNUNGEN MIT WALTER GROPIUS IN »THE ARCHITECTS COLLABORATIVE« TAC

Gebr. Mann Verlag · Berlin

Bibliografische Information der Deutschen Nationalbibliothek
Die Deutsche Nationalbibliothek verzeichnet diese Publikation in der Deutschen Nationalbibliografie; detaillierte bibliografische Daten sind im Internet über http://dnb.d-nb.de abrufbar.

www.gebrmannverlag.de

Gedruckt auf säurefreiem Papier, das die US-ANSI-Norm über Haltbarkeit erfüllt.

Layout und Umschlaggestaltung: Alexander Burgold · Berlin
Umschlagabbildung und Frontispiz: Walter Gropius, Aufnahme um 1960, Bauhaus-Archiv Berlin
Schrift: Univers
Papier: 115 g/m² FLY extraweiß
Druck und Verarbeitung: Beltz Grafische Betriebe GmbH · Bad Langensalza

Printed in Germany · ISBN 978-3-7861-2792-5

Für
Ursula Bodemer

Inhalt

Grußwort Dr. Annemarie Jaeggi 9
Grußwort Prof. Dr. Jörg Haspel 10
Vorrede 12
Dank 16

Einleitung 18

I. Grundsätzliches 24
Ein paar Fragen zu TAC 25
Gründungsmythos 28
Projekte von TAC in Deutschland (I) 30

II. Zur Person Walter Gropius 34
Der Mensch 35
TAC im Alltag 37
Lichterzauber 39

III. Amerikanische Eigenheiten 46
Yellow paper 47
Mitarbeiter 49
Office Manager 50

IV. *Grope* 52
Der Spitzname 53
Lehrtätigkeit an der Harvard Graduate School of Design 54
Zelebration der Jury 58
63 Brattle Street – *Grope's Refuge* 61
Der graue *Rambler* 65

V. Haus in Lincoln 68
Haus Gropius in Lincoln 69
Die Moderne im Hausbau? 79

VI. TAC-Projekte 80
Harvard Graduate Center 81
Runde Ecken 83
Die TAC-typische Formensprache 90

Chase Manhattan Branch Bank in Great Neck, N.Y. 95
Worcester Foundation for Experimental Biology 96
Putterham Branch Library, Brookline, Mass. 99
Boston Children's Hospital 100
Projekte von TAC in Deutschland (II) 105
Wettbewerb Schulzentrum Providence, R.I. 117
Cost controller 121
TAC in neuen Quartieren 122
Freelancing bei TAC und außerhalb 124

VII. Jährliches Grope-Fest 130
Fly a kite for Grope 131
Gropius' 85. Geburtstag 132
Bauhaus-Symposium in Chicago 135
Echo in Kanada 141

VIII. Spätzeit 144
Spätere Projekte 145
Botschaftsresidenz in Argentinien 148
Gropius' 100. Geburtstagsfeier 150

IX. Abenteuer Nahost 152
Riskante Projekte – ein Rückblick 153
Universität Tunis 158
Folgeaufträge in Kuwait 161

X. Niedergang und Ausblick 168
Schwierige Zeiten 169
Ende von TAC 171
Nachspiel: Arctic Living Unit 172
Schlusswort 175

Anmerkungen 179
Literaturverzeichnis 184
Bildnachweis 186
Personenregister 187
Orts- und Objektregister 189
Sachregister 191

Grußwort

In der vorliegenden Publikation blickt der Autor Arnold Körte auf die Jahre zurück, die er im Architekturbüro The Architects Collaborative, kurz TAC genannt, arbeitete. Mit TAC fand sich nach dem Ende des Zweiten Weltkriegs eine Gruppe von sieben jungen Architekten unter der Patronage des Bauhaus-Gründers Walter Gropius in Harvard zusammen, um als „Kollektiv" gemeinsam zu entwerfen und zu bauen sowie dem in der Architektur gängigen Individualismus durch Teamarbeit entgegenzutreten. Während die Aufträge zunächst vor allem im Wohnhaus- und Schulbau der näheren Umgebung Massachusetts und Neu Englands lagen, folgten rasch Großaufträge für Universitätsgebäude, wie das Harvard Graduate Center oder die Universität in Bagdad, die Botschaft der USA in Athen und verschiedene Krankenhäuser – ein Portfolio, das TAC insbesondere auch nach Gropius' Tod 1969 um kommerzielle Bauten beinahe rund um den Globus erweiterte. Auch in Deutschland schuf TAC wegweisende Bauten, etwa die Glasfabrik für Rosenthal in Amberg, ein Apartmentgebäude für die Interbau im Berliner Hansaviertel oder, ebenfalls in Berlin, die sogenannte Gropiusstadt. Mit einem Archivgebäude, das das in alle Welt verstreute Erbe des Bauhauses aufnehmen sollte, widmete sich Gropius auf der Rosenhöhe in Darmstadt einem Herzensprojekt. Modifiziert konnte es schließlich von 1976 bis 1979 als Bauhaus-Archiv/Museum für Gestaltung in Berlin verwirklicht werden und beherbergt bis heute die weltweit größte Bauhaus-Sammlung. Es ist dieser Publikation zu wünschen, dass sie die Auseinandersetzung mit dem in Deutschland nahezu unbekannten Architekturbüro befördern möge.

Dr. Annemarie Jaeggi
Direktorin Bauhaus Archiv/Museum für Gestaltung, Berlin

Grußwort

Walter Gropius gehört zu den großen deutschen Architekten des 20. Jahrhunderts und sein Werk genießt die besondere Aufmerksamkeit der deutschen Denkmalpflege. Alleine drei seiner Bauten sind in die Welterbeliste der Unesco eingetragen: das Fagus-Werk in Alfeld a. d. Leine von 1911, das Bauhaus in Dessau von 1925–26 und sein Teilbeitrag an der Großsiedlung Siemensstadt in Berlin von 1929–31. Auch für das Hansaviertel in Berlin mit dem von Gropius und The Architects Collaborative (TAC) gestaltetem Wohnhaus gibt es Bestrebungen für eine Welterbenominierung. Auf der Berliner Denkmalliste sind weiterhin fünf Wohnhäuser und die Innengestaltung einer Villa aus den 1920er Jahren, die Gropiusschule (Gropius und TAC) von 1965–69 sowie das Bauhaus-Archiv (Gropius und TAC) von 1976–79 verzeichnet. Im Rahmen der „Triennale der Moderne" startete das Landesdenkmalamt Berlin 2016 einen neuen Weg der Denkmalvermittlung durch die kostenlose App „Gropius to Go", die als digitaler Gropius-Stadtführer in Kooperation mit visitBerlin und freundlicher Unterstützung des Bauhaus-Archivs/Museum für Gestaltung entwickelt wurde.

Der Fachwelt der Architekturhistoriker und Denkmalpfleger ist natürlich bekannt, dass der Bauhausgründer Gropius seine Lehr- und Architektenkarriere auch nach der Emigration 1934 in seinem Exil in den USA als Professor an der Harvard Universität, Graduate School of Design, und mit dem Büro The Architects Collaborative erfolgreich fortgesetzt hat. Der amerikanische Staatbürger Gropius konnte großen Einfluss auf die Ausbildung angehender Architekten der 1940er und 1950er Jahre in Amerika ausüben. Trotzdem sind die genauen Umstände seiner Tätigkeit in Boston und vor allem seine kooperative und demokratische Arbeitsweise in jener Zeit selbst Fachleuten nicht unbedingt geläufig. In Deutschland überstrahlt der Bauhaus-Direktor und Bauhaus-Meister die Wahrnehmung der komplexen Künstlerpersönlichkeit und des Privatmenschen Gropius. Die Innenansicht des von Gropius und einigen jungen Architekten und Schülern 1945 gegründeten Büros The Architects Collaborative, die Arnold Körte mit diesem Buch vorlegt, ermöglicht einen neuen, realistischeren Blick. Namen aus diesem Team, das im Berlin der 1950er und1960er Jahre wichtige Bauwerke entworfen hat, sind aus den schriftlichen Quellen, die ein Denkmalamt bei der Eintragung von Baudenkmalen auswertet, bekannt. Dank der Erinnerungen und

Fakten, die der Autor des vorliegenden Bandes dokumentiert, können Leser aus der Perspektive eines unmittelbar beteiligten Zeitgenossen die Menschen hinter den vielen Namen und vor allem die gemeinschaftliche Arbeitsweise von Gropius und seinen jungen Kollegen besser kennen und verstehen lernen.

Ein wichtiges Projekt von Walter Gropius und TAC in Berlin, das noch nicht genannt wurde, war die Planung für eine Großsiedlung mit 18.500 Wohnungen in Britz-Süd, die spätere Gropiusstadt. Auch für diesen Entwurf wird Walter Gropius, der die Benennung Gropiusstadt nicht gerne sah, häufig als alleiniger Urheber genannt. Was uns bei der Erforschung der Planungsgeschichte der Gropiusstadt besonders beeindruckt hat, war die Selbstkritik des führenden CIAM-Mitgliedes (Congrès Internationaux d'Architecture Moderne) Gropius an seinen Siedlungsplanungen der Vorkriegszeit und sein Lob für den Architektenkollegen Bruno Taut und dessen Hufeisensiedlung, auf die er mit seinen Plänen Bezug nehmen wollte. Gropius verwarf seine rigiden funktionalistischen Ansätze aus der Vorkriegszeit, um in dem neuen Stadtteil das Gemeinschaftsgefühl und den sozialen Zusammenhalt der Menschen durch architektonische und landschaftsplanerische Mittel zu stärken, selbst wenn für dieses Anliegen eine Vernachlässigung der schieren Funktionalität notwendig wäre. Von Arnold Körte lernen wir auch, wie die gemeinschaftliche Arbeit an diesem Großsiedlungsprojekt aussah und wie der Anregungen jederzeit aufgeschlossene Gropius der Diskussionskultur bei TAC neue Ideen zu verdanken hatte.

Bekanntlich wurde die Gropiusstadt nicht den Vorstellungen von Walter Gropius und TAC entsprechend umgesetzt. Nur ein Zentrum des riesigen Wohngebietes, ein imposantes halbrundes Haus, ein Hochhaus und neun Wohnzeilen, die abgeschirmte Höfe von unterschiedlicher Privatheit bilden, konnten Gropius und TAC zumindest weitgehend nach ihren Vorstellungen gestalten. Das Landesdenkmalamt Berlin arbeitet an der Aufnahme dieses Komplexes in die Berliner Denkmalliste und damit wären alle Bauwerke von TAC in Berlin eingetragene Denkmale.

Prof. Dr. Jörg Haspel
Landesdenkmalamt Berlin

Vorrede

Was will dieses Buch? Nun, es geht um zwei Anliegen: Zunächst will es, aus dem persönlichen Erleben des Verfassers heraus, die Spätzeit von Walter Gropius in seinem Büro The Architects Collaborative, weltweit unter dem Kürzel TAC bekannt, in den USA schildern. Das betrifft zunächst die Stimmung im Büro, das enge Miteinander sehr unterschiedlicher Partner und Mitarbeiter aus allen Erdteilen, die Aufgabenverteilung der verschiedenen Projekte, die eher ateliermäßige Herangehensweise, aber auch die Art, wie Gropius mit seinen viel jüngeren Partnern umging und sie mit ihm. Dabei werden sowohl der Segen als auch die Nachteile kollektiver Arbeitsweise sichtbar. Als gemeinschaftliches Arbeitsmodell hatte TAC durchaus Vorbildfunktion, wie andere Bürogründungen der 1960er Jahre belegen. Es war ein gesellschaftliches Modell von Demokratie im Kleinen, das für Gropius seit der Emigration ein besonderes Anliegen geworden war.

Im Weiteren geht es aber auch um die Perspektive von heute, wenn zum jetzigen Zeitpunkt das Thema „Gropius und TAC" zur Sprache gebracht wird. Dabei ist das Jubiläumsjahr mit den Feiern „100 Jahre Bauhaus" nur ein indirekter, wenn auch naheliegender Anlass, den späten Gropius von der anderen, der transatlantischen Seite aus in den Blick zu nehmen. Gropius hatte nach 1937 eine zweite große Karriere im Ausland mit zahlreichen Schülern der zweiten und dritten Generation und mit seinem sehr erfolgreichen Architekturbüro erleben dürfen. Tätig bis ins hohe Alter, hinterließ er in den USA mit TAC ein eigenständiges Werk, das längst vom Bauhaus unabhängig war, auch wenn es teilweise auf seinen von dort mitgebrachten Erfahrungen beruhte. Das heute neu erwachte Interesse an der Nachkriegsmoderne, insbesondere am sogenannten Brutalismus, ist eine weitere Motivation für dieses Buch.

So werden die gestalterischen und auch ethischen Wurzeln eines Stils wie *Cambridge Modern* beleuchtet, die zu einem Gutteil auf die besondere Arbeits- und Organisationsform von TAC zurückgehen. Gleichzeitig tritt ein produktiver Generationenkonflikt zutage, der insbesondere in dem Kapitel über die *juries* in Harvard und Yale plastisch wird – sprühende intellektuelle Auseinandersetzung mit großem Unterhaltungswert, voller Respekt ausgetragen, aber auch mit harten Bandagen. So bietet das Buch auch einen Einblick in das ferne Nachleben des

Bauhauses, das sich über Personen wie Gropius nicht nur vermittelte, sondern in dem kulturellen Umfeld der USA beziehungsweise den fruchtbaren Bedingungen einer Elitehochschule wie Harvard zu etwas ganz Neuem entfalten konnte.

Schließlich geht es auch noch um die etwas zwiespältige Rezeption dieses Spätwerkes in Deutschland, wo die Person Gropius nach wie vor enormen Respekt als Bauhausgründer genoss, doch die Früchte seiner amerikanischen Teamarbeit weniger Anerkennung fanden. Das betraf vor allem die Berliner Projekte wie die Gropiusstadt, das Hansaviertel und das Bauhaus-Archiv, auch die Rosenthal-Fabriken in Selb beziehungsweise Amberg. Für die deutsche Architektenschaft besaßen damals „diese Sachen von TAC" keine besondere Anziehungskraft. Es ist bezeichnend, dass vor diesem Hintergrund erst jetzt eine Neubewertung etwa der Gropiusstadt durch das Berliner Landesdenkmalamt erfolgt und die markantesten Teile dieser Großsiedlung sogar unter Denkmalschutz gestellt werden sollen.

Im Einzelnen gehen meine persönlichen Begegnungen mit Gropius zurück auf einen Brief, den ich ihm – eher aus einer Laune heraus – im Frühjahr 1959 nach Harvard geschickt hatte, mit der Bitte, bei ihm zu studieren oder zu arbeiten. Ich war der irrigen Meinung, dass er noch die Architekturabteilung in Harvard leitete, als er schon längst dort ausgeschieden und Partner von TAC war. Zu der Zeit war ich aber, nach abgeschlossenem Architekturstudium an der TH München (1954–59), schon Mitarbeiter bei dem ehemaligen Bauhausschüler Gerhard Weber. Er hatte mir den Entwurf der Eingangshalle für den Neubau des Thyssen-Hochhauses in Duisburg übertragen; so zeichnete ich Schaubilder nach dem Muster amerikanischer *renderings*, die damals in Mode kamen, hatte aber immer das Gefühl, dass im Münchener Studium noch etwas gefehlt hatte, „dass es das noch nicht gewesen sein konnte". Dabei war damals – mit dem Dipl.-Ing. schon in der Tasche und in fester Stellung – der Wunsch nach Rückkehr auf die Schulbank sehr ungewöhnlich. Doch das freundliche Antwortschreiben von Gropius **(Abb. 1)** bestärkte mich in diesem Wunsch.

Der nächste Schritt war dann das Gesuch um ein Stipendium der Harvard Graduate School of Design (GSD) mit der damals noch moderaten Studiengebühr von 1.250 Dollar für ein Jahr in der Meisterklasse. Im Mai 1960 kam das ersehnte Telegramm mit der Bewilligung. Zwischenzeitlich hatte ich auch Gropius in Düsseldorf getroffen, der anlässlich einer Preisverleihung nach Deutschland gekommen war. Im Herbst 1960 ging es als einziger Passagier auf dem

WALTER GROPIUS
REG. ARCHITECT F.A.I.A.
SIXTY-THREE BRATTLE STREET
CAMBRIDGE 38, MASSACHUSETTS
TELEPHONE UNIVERSITY 4-8330

May 13, 1959

Mr. Arnold Körte
Fürstenfeldstr. 11
München 2, Germany

Dear Mr. Körte:

Thank you for your letter of April 23. Of course, I am very well aware of the relations between the Körtes and the Gropiuses. Werner Körte, the famous surgeon, operated on my knee when I was an adolescent. I still remember him well, and I remember also your grandmother who must be pretty old by now. Karl Gropius was in another line so I am not his grandson, but a grandnephew.

Unfortunately I am not any more in Harvard since quite a few years and am entirely in practice with my firm, The Architects Collaborative -- 8 partners. I do not teach any more in Harvard University, but the School under my successor, Dean Luis Sert -- an excellent modern architect whose star is coming -- is very good indeed, and it would be worthwhile to you to join the Master Course of that advanced School under the direction of Dean Sert. However, it is not easy to get into Harvard because they have a high standard. But what you write to me about yourself sounds good, so why shouldn't you try? Write to Dean Sert, Harvard University, Graduate School of Design, and ask for a form and a catalogue so that you could apply. You might also apply simultaneously for a scholarship but don't be too sure to get one because they have only a very limited amount of scholarships covering the tuition fees. That woudln't give you any money for living and that may be the hardest to get unless you succeed in getting a Fulbright Scholarship. There are still other ways, the so-called "Trainee Scholarships" which are paid from agricultural surplus of the United States. I guess it is possible for you to get the necessary information about these traineeships at the University of Munich (or the american consulate!)

Mies has also left the Illinois Institute of Technology, having passed the age limit.

What you write about the Mies following is only too true, and I like the way you have put it, but his influence here is very strong and his greatest virtue is the discipline in design which he teaches the Americans by his presence.

That is all I can tell you today; let me hear about the steps you are going to take. With best regards,

Yours,

W :sw

Walter Gropius

Walter Gropius

Abb. 1: Antwortschreiben von Walter Gropius, Mai 1959, das leider bei einer späteren Überflutung gelitten hat norwegischen Kohlendampfer *Sea Master* ab nach Newport News tief im Süden der USA. Die Überfahrt war gratis dank der Großzügigkeit entfernter Verwandter und dauerte damals noch elf Tage. Endlich in Harvard, war mein Lehrer José Luis Sert, Nachfolger von Gropius an der GSD. Auf den Abschluss *Master of Architecture* 1961 folgte die Mitarbeit in Serts Büro bis Anfang 1962. Für die folgenden zweieinhalb Jahre – von Februar 1962 bis September 1964 – war ich Mitarbeiter bei TAC. Es war die erste Phase der Begegnungen mit Gropius. Nach meiner Übersiedlung nach Kanada folgte die zweite Phase mit regelmäßigen Besuchen in Boston und Briefwechsel mit Walter und Ise Gropius, bis zu Gropius' Tod im Juli 1969 im Alter von 86 Jahren.

* * *

Wenn nun das anstehende Jubiläum „100 Jahre Bauhaus“ beinahe mit dem Erscheinen dieses Buches zusammenfällt, so mögen die Begegnungen aus der Spätzeit von Walter Gropius noch einmal ein etwas anderes, weniger bekanntes und persönliches Licht auf den Begründer einer Bewegung lenken, welche unsere künstlerische Welt verändert hat.

Arnold Körte, im Februar 2019

Dank

Mein Dank gilt hier, im Nachhinein, der Schar ehemaliger Kollegen in TAC, denen ich viele Anregungen und Einblicke in diverse Interna verdanke. Die Informanten konnten von der Existenz dieses Buches noch nichts wissen, prägen aber bis heute die Erinnerung an die einmalige Arbeitsatmosphäre bei TAC. Besonders zu danken habe ich meinem damaligen Studienkollegen und späterem *roommate* (Mitbewohner) in Harvard, Victor C. Mahler (1932–2011), der mich durch seine lebhaften Erzählungen über dieses seltsame Büro zum Eintritt bei TAC animiert hat. So ist aus einer Gruppe von Mitarbeitern binnen kurzer Zeit ein Kreis von Freunden geworden.

Dankbar bin ich aber auch all jenen, die nach meiner Rückkehr in heimatliche Gefilde immer wieder nachgefragt haben, wie es denn war, so ganz unmittelbar mit dem Bauhausgründer Gropius zusammenzuarbeiten. Die Frage „Wie war er denn *wirklich*, so im Alltag bei euch in Amerika?“ bringt mich noch heute ins Grübeln, wie man einem solchen Menschen in seiner Spätzeit einigermaßen gerecht werden kann.

Herzlicher Dank geht auch an Frau Dr. Annemarie Jaeggi vom Bauhaus-Archiv/Museum für Gestaltung, Berlin, für ihre Schilderungen der persönlichen Lebensumstände von Gropius, seiner Frau Ise, geb. Frank, und der gemeinsamen Adoptivtochter Ati bis in die späten Jahre in Lincoln, USA.

Ebenso danke ich Herrn Prof. Dr. Jörg Haspel und Herrn Dr. Bernhard Kohlenbach vom Landesdenkmalamt Berlin für zahlreiche wertvolle Anregungen und Quellenverweise zu den deutschen Projekten von TAC, wie insbesondere zur Entstehungsgeschichte der Gropiusstadt in Berlin und zu den laufenden Initiativen zum Denkmalschutz der klassischen Moderne.

Was die Herstellung des Buches angeht, bin ich besonders Frau Dr. Merle Ziegler vom Gebr. Mann Verlag sehr dankbar für die nimmermüde und einfühlsame Mitwirkung am Text, zumal auch für dessen inhaltliche Fokussierung an entscheidenden Stellen, sowie für das sehr sorgfältige Lektorat. Herrn Dr. Hans-Robert Cram danke ich für die stete Ermunterung und tatkräftige Betreuung dieses Vorhabens, Frau Marie-Christin Selig sowie dem Grafiker, Herrn Alexander Burgold, für die inspirierte Layout- und Bildgestaltung.

Frau Ursula Bodemer danke ich für das geduldige Gegenlesen des Manuskriptes, ihre Sorgfalt und Ausdauer bei Korrekturen, für viele wichtige Anregungen inhaltlicher Art, sowie für ihre bewundernswerte Geduld beim Umgang mit diesem Autor.

EINLEITUNG

Devise bei TAC war somit der entschlossene Blick in die Zukunft – bloß keine Rückschau! Daher wurde hier über das Bauhaus, zu meiner Überraschung, auch kaum je gesprochen.

Die Anfänge der Bekanntschaft mit Walter Gropius (1883–1969) reichen zurück in die frühen 1960er Jahre. Wenn man rückblickend die damalige Aufbruchszeit mit einigen wenigen Stichworten charakterisieren will, stehen vier Namen beziehungsweise Ereignisse im Zentrum: John F. Kennedy, der Bau der Berliner Mauer in Berlin, die Kubakrise und die Umweltdebatte. Im Bereich Architektur war der sogenannte Brutalismus prägend. Aber zunächst zur gesellschaftlichen Situation:

John F. Kennedy

Die Wahl von John F. Kennedy (1917–1963) zum Präsidenten der USA im Jahr 1960 bedeutete einen Neuanfang – nicht nur für die Vereinigten Staaten, sondern für die gesamte westliche Welt. Gerade in Cambridge (Mass.) an den Universitäten Harvard und am M.I.T. (Massachusetts Institute of Technology) verband man mit Kennedy die größten Erwartungen einer neuen, der Zukunft zugewandten Politik, aber auch die verstärkte Förderung von Kunst und Wissenschaft. Der aus Deutschland emigrierte Walter Gropius versprach sich zuvörderst eine weiterreichende Demokratisierung der Gesellschaft – für die er im Kleinen schon mit der Gründung eines kollektiven Architekturbüros The Architects Collaborative (TAC) ein Beispiel gegeben hatte.

Bau der Berliner Mauer

Der Mauerbau in Berlin im Jahr 1961 war ein fundamentaler Einschnitt für die Stadt und für Deutschland. Das Ereignis wurde in den USA jener Jahre vergleichsweise distanziert zur Kenntnis genommen – eben als die zu erwartende Folge der politischen Konstellation des Kalten Krieges. Manche Zeitgenossen in den USA sahen die Entwicklung als fast schon natürlich oder gar als Notwendigkeit an, die bloß das ferne *Germany* betraf, weniger das eigene Land. Die außenpolitische Ahnungslosigkeit manch amerikanischer Kollegen, gerade auch unter den jüngeren TAC-Mitarbeitern, war immer wieder verblüffend: Im Grunde war für meine amerikanischen Genossen einzig die Innenpolitik von Belang – also die Person John F. Kennedy, das *civil rights movement,* die *freedom riders* auf ihrem Weg nach Alabama, ebenfalls ein einschneidendes Ereignis des Jahres 1961, sowie die Rassenfrage allgemein. Erst verzögert trat der Vietnamkrieg ins Bewusstsein, vor allem unter Präsident Lyndon B. Johnson (1908–1973), als viele *draft dodgers* (Wehrdienstverweigerer) nach Kanada gingen. Die Berliner Mauer lag da ziemlich fern und war auch bei TAC kaum ein Thema, außer bei jenen Mitarbeitern, die mit den Berlin-Projekten zu tun hatten, die Gropius persönlich akquiriert hatte.

Vor diesem Hintergrund erschien die Berliner Mauer in USA wie ein ferner böser Traum. Man hatte sich im bequemen Ost-West-Schema nach der Devise *freedom versus tyranny* eingerichtet und sich dabei ganz wohl gefühlt, war man doch gänzlich davon überzeugt, auf der richtigen Seite zu stehen.

Kubakrise

In ähnlicher Weise, aber stärker als Berlin, da vor der eigenen Haustür gelegen, wurde bei TAC die Kubakrise wahrgenommen, nicht zuletzt, weil ein paar sehr fähige Mitarbeiter aus Kuba stammten. Aber nach ein paar Wochen war der Spuk vorbei, und man wandte sich wieder der Innenpolitik zu. Es herrschte eine merkwürdige Nabelschau in den USA. Man bevorzugte die Lokalnachrichten und kümmerte sich kaum um die Geschehnisse im Rest der Welt. Das lag auch an den miserablen Zeitungen. Außer dem *Boston Globe,* der *New York Times* oder der *Washington Post* brachten sie damals meist nur Klatsch und Lokales. Denn in diesem Milieu einer provinziellen Nabelschau waren *human interest stories* allemal wichtiger als die große Politik. Die Leitmedien waren ohnehin nicht die Zeitungen, sondern Radio und Fernsehen; ja, „man" fühlte sich in den frühen 1960ern durch die ständige Radioberieselung subjektiv gut informiert, fast wie im Zentrum der Welt stehend, blieb aber objektiv ziemlich ahnungslos, ohne das als einen besonderen Mangel zu empfinden. Erst als unter Kennedy die Auslandsnachrichten im Fernsehen mit den neuen *anchor men* Walter Cronkite von CBS sowie Chet Huntley und David Brinkley von NBC deutlich an Statur gewannen, kam die Außenpolitik ins Haus.

Aufwühlend wie wenig sonst war der Mord an John F. Kennedy 1963 – ein Ereignis von der Art, nach dem man das Leben in ein Davor und Danach einteilte. Ich hatte die Nachricht zufällig am *Harvard Square* zur Mittagszeit vernommen – aus einem Autoradio heraus, um das sich eine Traube geschockter Menschen versammelte. Noch tagelang lag eine lähmende Stille über der Stadt und ließ uns am Sinn all unserer Arbeit zweifeln; die neue Aufbruchsstimmung war jäh abgerissen.

Umweltdebatte

Eine vierte wichtige Wegmarke jener Jahre war das erste Auftreten von Büchern und Streitschriften zum Thema Umwelt: Rachel Carsons *Silent Spring*[1] von 1962 war ein Epochenwerk und nahm die Umweltdebatte vorweg, die erst zehn Jahre später richtig an Fahrt gewann. Präsident Kennedy soll das Buch 1962 gelesen haben, nachdem es erstmals als Dreiteiler im *New Yorker* erschienen war. Jane Jacobs' *The Death and Life of Great American Cities*[2] von 1961 galt zu Recht als Meilenstein in der alarmierenden Analyse des modernen Städtebaus in Nordamerika. Beide Bücher waren zunächst von der Fachwelt äußerst kritisch, ja, letzteres gar als subversiv beurteilt worden, bis sie einen nachhaltigen Bewusstseinswandel bewirkten, der den Rest der Welt erfasste. Jacobs' viel späteres Werk *Dark Age Ahead*[3] von 2004 fiel hingegen auf fruchtbaren Boden in Kanada. Jacobs hatte New York 1968 verlassen und war in das aufstrebende Toronto übergesiedelt.

Parallel zum Thema Umwelt waren aber schon seit den 1960er Jahren in Nordamerika die Themen *Heritage* (kulturelles Erbe), *Adaptive Re-use* (Umnutzung) und Denkmalschutz in den Vordergrund gerückt – nicht zuletzt als Antwort auf den Verlust lokaler Identitäten. Die anfangs noch vereinzelten Kampagnen und Graswurzelinitiativen für den Erhalt historischer Bausubstanz in den USA mündeten schließlich in den *National Historic Preservation Act* von 1966. Damit sollte später auch Walter Gropius' Wohnhaus in Lincoln (Mass.) – eine Ikone der Moderne in Nordamerika – unter Denkmalschutz gestellt werden.

Brutalismus

Die Architektur, die jene Jahre prägte, sollte später *new brutalism* genannt werden. Er war für uns bei TAC die einzig stimmige und zeitgemäße Herangehensweise an aktuelle Bauaufgaben. Brutalismus wurde verstanden als eine Ausdrucksform, die funktional und folgerichtig aus den tektonischen Wurzeln der Moderne hervorgeht, also aus den konstruktiven und bautechnischen Ursprüngen des Bauens selbst. Konstruktion hat immer auch mit Kraft zu tun, mit dem ins Bild gesetzten Kraftfluss, der für sich genommen aber noch nicht „brutal" daherkommen muss. Der Begriff stammt vom französischen *beton brute* her und meint nichts weiter als nackten Beton – nämlich Sichtbeton. Erst im Nachhinein erkennen wir, dass mit dem Assoziieren von Brutalität vielleicht auch ein absichtliches Missverständnis am Werk war, nachdem die vielerorts bedrohlich wuchernden Kolosse aus unverputztem Beton die gebaute Stadt bestimmten und zunehmend als eine „brutale" Umwelt empfunden wurden.

Zumindest bei TAC war diese Architekturauffassung keine bloße Attitüde oder Modeerscheinung, die etwa besonderer Betonung bedurfte, sondern die durchaus normale und rundum angemessene Architektursprache der Zeit. Noch stärker als Walter Gropius wurde für uns die zweite Generation der Moderne mit Louis J. Kahn (1901–1974), Romaldo Giurgola (1920–2016) und Paul Rudolph (1918–1997), in seinen Anfängen, zu einem Vorbild, dem wir „brutalistisch" nacheiferten.

Das Kuriose aber ist, dass wir den Terminus Brutalismus gar nicht gebrauchten – er kam erst später auf. Das heißt, wir haben brutalistisch gebaut, es aber nicht so genannt. Außerdem herrschte bei TAC unter dem Einfluss von Gropius ein starkes Misstrauen gegen jede Art von *labeling* oder flottem Etikettieren. So hatte Gropius ja schon die Bezeichnung „Neue Sachlichkeit" immer abgelehnt. Sie sei einst von Berliner Journalisten erfunden worden und einer sehr oberflächlichen Betrachtung der Moderne verhaftet.

Insofern brachte die Bauhausbewegung nach dem Bekenntnis von Walter Gropius keineswegs einen neuen Baustil, sondern vielmehr eine „neue Methode" der Zusammenschau von Kunst und Technik – nicht mehr, aber auch nicht weniger. Die fundamentale „Einheit von Kopf, Herz und Hand", die er mit dem Historismus des 19. Jahrhunderts verraten sah, sollte wieder zum Schlüssel allen Gestaltens werden.

Devise bei TAC war somit der entschlossene Blick in die Zukunft – bloß keine Rückschau! Daher wurde hier über das Bauhaus, zu meiner Überraschung, auch kaum je gesprochen. Zur positiven Stimmung bei TAC trug die einmalige Konstellation führender Architekten jener 1960er Jahre bei, als Le Corbusier (1887–1965), José Luis Sert (1902–1983) und Walter Gropius leibhaftig und gleichzeitig in der Architektenausbildung der Harvard Universität zusammenwirkten, gemeinsam mit den Theoretikern Sigfried Giedion (1888–1968) und Eduard Sekler (1920–2017). Erst in der Rückschau wird deutlich, dass das, was heute *Cambridge Modern* genannt wird, wirklich eine Epoche war.

I.
GRUNDSÄTZLICHES

Aus heutiger Sicht stellen sich Fragen zum tatsächlichen Funktionieren dieser Bürogemeinschaft, die in späteren Jahrzehnten zu einem global agierenden Unternehmen mit Zweigbüros in Rom, Kuwait und San Francisco aufstieg.

Ein paar Fragen zu TAC

Nach über 50 Jahren ist es an der Zeit, ein paar grundsätzliche Fragen zur Frühzeit von The Architects Collaborative, weltweit bekannt unter dem Namen TAC, zu beantworten. Dieses Architekturbüro hatte Walter Gropius 1945 gemeinsam mit sieben Partnern gegründet. Die offizielle Version der Gründungsgeschichte geht so: Seine neuen Büropartner waren seine ehemaligen Schüler von der Harvard Graduate School of Design (GSD) in Boston. In Wahrheit verhielt es sich aber ganz anders: Die sieben jüngeren Architekten waren nicht durch Gropius oder eine besondere Affinität zu ihm miteinander verbunden, sondern durch ein Netz sich überlagernder persönlicher und beruflicher Beziehungen, das sich im Klima eines sozialen und architektonischen Optimismus nach dem Zweiten Weltkrieg in den USA geformt hatte.[4]

Norman „Fletch" Fletcher, Louis McMillen, Robert McMillan und Ben Thompson waren Studienkollegen in Yale gewesen, wo sie bereits die Bildung dessen besprachen, was Fletcher das „World Collaborative" nannte – „ein ideales Büro", das Malerei, Bildhauerei und Architektur vereinen würde. John „Chip" Harkness hatte mit Fletcher während des Krieges bei Skidmore, Owings & Merill in New York gearbeitet (beide waren *conscientious objectors*, also Kriegsdienstverweigerer) und später mit Jean Fletcher bei Saarinen und Swanson in Bloomfield Hills, Michigan. Jean Fletcher und Sally Harkness hatten an der Cambridge School of Architecture and Landscape Architecture studiert, der ersten *degree-granting* Design-Hochschule für Frauen in den USA. Chip und Sally heirateten 1941, Jean und Norman 1945.

Um zum obigen Gründungsmythos zurückzukommen: Die Freundesgruppe war bereits zur gemeinschaftlich organisierten Zusammenarbeit entschlossen und wollte einen erfahrenen *senior practicioner* hinzugewinnen, der ihnen auf dem Berufsweg helfen und dem jungen Büro Status geben könnte.

Durch eine glückliche Fügung kam Gropius ins Boot: Nach der Rückkehr aus dem Sanitätsdienst erhielt Chip einen Brief von Fletcher mit dem Vorschlag eines Gemeinschaftsbüros – just am selben Tag, an dem Gropius ihn (Chip) bat, in der Meisterklasse von Harvard zu unterrichten. Und da war es Chip, der seinem Lehrer die Idee des Kollektivs nahebrachte. Gropius wiederum stimmte rasch zu.

Er war erst 1937 nach Boston gekommen, nachdem er seit 1934 in England gearbeitet, aber seinen deutschen Wohnsitz noch beibehalten hatte. Wie seine Frau Ise, geb. Frank (1897–1983) berichtet, hatte Gropius durch Vermittlung von

Prof. Ernst Jäckh bei Propagandaminister Joseph Goebbels in Berlin erreicht, dass er sein gesamtes Archiv, also Möbel, Bücher etc. in die USA mitnehmen durfte. Diese höchst ungewöhnliche Zusage war Jäckhs Einfall zu verdanken, Goebbels mit der Tatsache zu überrumpeln, dass erstmals in der Geschichte deutsch-amerikanischer Beziehungen ein Deutscher – und nicht ein französischer Beaux-Arts-Architekt – die Leitung der Harvard Graduate School of Design übernehmen sollte[5]. Dabei lehnte Goebbels Gropius und alles, wofür er stand, entschieden ab.

So übernahm Gropius 1938 die Leitung der GSD in Harvard und reformierte den Lehrplan grundlegend, nicht ohne auf Widerstände zu stoßen. 1952 legte er das Direktorat nieder, um sich ganz dem jungen Büro zu widmen. Dieses hatte mit ihm nicht nur einen berühmten Architekten mit großer Erfahrung, sondern einen kongenialen Mitstreiter gewonnen, dessen Einstellung zur Teamarbeit sich mit den Überzeugungen der anderen deckte. Und das Ziel der acht Gründer war nicht niedriger gesteckt, als, in den Worten von Sally Harkness, „die Welt neu zu erschaffen".[6]

Ich selbst hatte Gelegenheit, zunächst beim Studium in der Meisterklasse der GSD in Harvard (1960/61), danach als Mitarbeiter bei TAC (1962–64) und später als regelmäßiger Besucher (bis 1972) die Realität jener hehren Träume mitzuerleben. Der Alltag im Büro entsprach nicht immer der großen Vision, die Unterschiedlichkeit der Charaktere, dazu der Ehrgeiz neuer jüngerer Mitarbeiter, schließlich der schiere Umfang der Projekte – mit über 390 Mitarbeitern in den 1970er Jahren – forderten ihren Preis. Doch es war wieder Sally Harkness, die Gropius' einigende Kraft als Denker, Mitarbeiter und Kritiker im Herzen des Büros auf den Punkt brachte: „Jeder möchte sich ihn als einen der großen Designer der Welt vorstellen, doch das war er nicht. Er war einer der großen Philosophen dieser Welt."[7]

Das Oktett der Gründer und Gründerinnen umfasste 1945, neben Gropius, die folgenden Personen: Norman C. Fletcher, genannt „Fletch" (1917–2007), Jean B. Fletcher (1915–1965), John C. Harkness, genannt „Chip" (1916–2016), Sarah P. Harkness (1914–2013), Robert S. McMillan (1916–2001), Louis A. McMillen (1916–1998) und Benjamin C. Thompson (1918–2002) (**Abb. 2**). Dazu kamen später als Junior Partner: Alexander Cvijanovic (*1923), Herbert Gallagher, William J. Geddis, Roland W. Kluver, Peter Morton, John Hayes, Malcolm Ticknor, Robert Turner, John Sheehy, Kenneth Taylor, John Scott, Donald Mawha und Morse Payne.

Abb. 2: Gruppenbild der TAC-Mitglieder auf der Skulptur von Richard Lippold, Graduate Center, Harvard-Universität. Im Uhrzeigersinn v. u.: Walter Gropius, Robert McMillan, Benjamin Thompson, Louis McMillen, Norman Fletcher und John Harkness. Foto um 1950

Gründungsmythos

Aus heutiger Sicht stellen sich Fragen zum tatsächlichen Funktionieren dieser Bürogemeinschaft, die in späteren Jahrzehnten zu einem global agierenden Unternehmen mit Zweigbüros in Rom, Kuwait und San Francisco aufstieg. Bereits zum Ende der Bauhaus-Epoche hatte sich die Künstlerwelt gefragt, wie es Gropius gelungen war, diese Anstalt von Egomanen immerhin 14 Jahre lang (1919–33) zusammenzuhalten. Die aktive Zeit von TAC umspannte sogar 50 Jahre (1945–95), und obwohl auch dort bisweilen egomane Ansätze geschwelt haben

Abb. 3: Gruppenbesprechung bei TAC, von links: John C. („Chip") Harkness, Louis McMillen, Robert McMillan, Walter Gropius, Jean Fletcher und Ben Thompson. Foto um 1948

mögen, hat sich doch die Idee der anonymen Urheberschaft des Kollektivs – dabei einem gemeinsamen Grundkonzept verpflichtet – durchgesetzt (**Abb. 3**).

Letztlich entsprach das dem Ziel des seinerzeitigen Gründungsbriefes der beiden Fletchers an Gropius: „Thus our aims become, not architecture for architecture's sake, but architecture for the sake of a better society."[8] Wahrscheinlich bleibt – aus heutiger Sicht – das bewusste Zurücktreten von Gropius hinter seine Mitstreiter dessen größte Leistung, im Kontext einer Epoche, die manche heute *Cambridge Modern* nennen.

Um zu den Fragen nach dem tagtäglichen Funktionieren dieser damals so ungewöhnlichen Bürogemeinschaft zurückzukehren:

— Wie war es eigentlich, mit Walter Gropius persönlich zusammenzuarbeiten?
— Wie war die Arbeitsatmosphäre, also die Stimmung bei TAC?
— Wie war das Verhältnis von Gropius zu seinen Partnern – und wie gingen die Mitarbeiter mit ihm um, und wie er mit ihnen?
— Wie wurden die Projekte verteilt und bearbeitet?
— Gab es überhaupt so etwas wie einen TAC-Stil, eine eigene erkennbare Formensprache?
— Und letztlich: Wie wurde bei TAC über das Bauhaus gesprochen?

Abb. 4: Ausblick und Abschied: Die frühe Pose des *master builder* Gropius von 1922 verschwindet ab 1945 hinter dem *team player* in The Architects Collaborative (TAC). In ähnlichem Gestus hatte Gary Cooper 1949 der Romanfigur des Architekten Howard Roark in der Verfilmung von *Fountainhead* ein Denkmal gesetzt.

Während heute gewiss kein Mangel an Büchern zur Bauhauszeit besteht, blieb die spätere Rolle von Gropius bei TAC weitgehend unbekannt, zumindest in Deutschland. Das diesem Büro zugrundeliegende Prinzip der Anonymität einzelner Gestalter musste all jenen fremd – um nicht zu sagen, suspekt – bleiben, die sich einen Architekten nur als omnipotenten *master builder*, also in der Rolle des großen Baumeisters, vorstellen konnten. Und in der Tat gab es noch bis in die 1980er Jahre hinein jene nie versiegende Reihe edler Publikationen, welche mit den *masters of the modern movement* weiterhin und unverdrossen den Mythos vom einsamen Genie verherrlichten (**Abb. 4**).

Projekte von TAC in Deutschland (I)

Die Rezeption der TAC-Bauten war in Deutschland ohnehin gemischt, mit teilweise unfreundlicher Aufnahme von „Gropius-Bauten", die in Wirklichkeit alle im Team und fernab der deutschen Wirklichkeit entstanden waren. Zunächst aber war der Ton noch freundlich-respektvoll, als in der Nachkriegszeit zum Beispiel das Harvard Graduate Center (1949–50) in der *Zeit* mit einer Bilddokumentation als beispielhaft gewürdigt wurde[9] (**Abb. 5**). Die bildliche Aufmachung war durchaus typisch für die damalige Zeit; die sachliche Information über die Gebäudegruppe wurde unmittelbar mit einem suggestiven Gruppenporträt verbunden. Zunächst geht es in dem Text um die offene, aber durch gedeckte Gänge geschickt verbundene Anlage, deren Abbild gerade hierzulande der demokratischen Aufbruchsstimmung jener Jahre entsprach. So bescheinigt der Artikel „dem ganzen Gebäudekomplex einen festlichen Charakter, der zu dem ungezwungenen Leben amerikanischer Universitäten paßt." Die Gattung der Campusarchitektur hatte in den USA – und in Harvard im Besonderen – eine lange Tradition und war nun von TAC in modernen Formen neu interpretiert worden.

Nach Jahren internationaler Abschottung war in der Bundesrepublik gerade das Neue *per se* schon bildwürdig, egal wie man der Moderne sonst gegenüberstand. Das unmittelbar unter die Harvard-Bildfolge in demselben Artikel montierte Gruppenbild zeigt – in etwas reißerisch angeschnittenem Foto, fast nach Art einer Sozialreportage – Gropius in der Mitte, gerahmt von Norman Fletcher (links) und John C. Harkness (rechts) – die allerdings beide zu der Zeit keineswegs mehr seine „Studenten", sondern längst *Junior Partners* in eigenem Recht waren, schon seit 1945.

Donnerstag, den 6. Mai 1954 DIE ZEIT

Das Harvard Graduate Center, ein Gebäudekomplex, der Schlafräume für die Studenten und eine Mensa enthält, wurde in den Jahren 1949 bis 1950 gebaut. Der Blick aus der Vogelschau gibt ein vorzügliches Bild von dem reifen Stil, den Gropius in den Vereinigten Staaten entwickelt hat. Man pflegt ihn gern mit den Worten „moderne Sachlichkeit" zu bezeichnen, doch ein Vergleich mit den umliegenden Gebäuden zeigt, daß dies keineswegs richtig ist. Sachlich könnte man vielmehr das vierstöckige Haus im Hintergrund nennen, das eine genaue, der Bauordnung entsprechende Ausnutzung des Grundstückes darstellt. Die Gruppierung des Graduate Center wirkt dagegen in ihrer Musikalität durchaus romantisch. Der geschwungene Trakt der Mensa, der auf den Betonstützen steht, gibt dem ganzen Gebäudekomplex einen festlichen Charakter, der gut zu dem ungezwungenen Leben amerikanischer Universitäten paßt.

Bild rechts: Walter Gropius mit amerikanischen Studenten. Von 1938 bis 1952 lehrte er an der Harvard University. Ebenso wie Mies van der Rohe am Institute for Technology in Chikago hat er einen bedeutenden Einfluß auf die junge Generation der amerikanischen Architekten ausgeübt.

Abb. 5: Teil einer Bildfolge „Vom Bauhaus nach Harvard" aus der *Zeit* vom 6. Mai 1954

Abb. 6: TAC: Berliner Wohnblock zur „Interbau“, 1955–1957

Trotzdem wird hier noch – oder wieder – jene Aura ins Bild gesetzt, die den väterlichen Gropius mit obligatorischer Fliege im Kreise seiner Jünger zeigt. Im weiteren Verlauf des Artikels wird dann auch wieder die Brücke zum Bauhaus mit den bekannten Bildern geschlagen, ohne welche die *Zeit*-Herausgeber das Thema „The Architects Collaborative“ ihren Lesern nicht vermitteln zu können glaubten. Dabei war das Bauhaus zu diesem Zeitpunkt in Wirklichkeit kein Thema mehr im Kreise der sieben Partner, die es ja auch gar nicht miterlebt hatten: Es war allenfalls *legacy*, vermittelt durch die Person Gropius, aber auch nicht mehr als das. Immerhin wird in der *Zeit* der Verlust an emigrierten deutschen Architekten beklagt, „wenn man die amerikanischen Bauten von Gropius und seinen Schülern mit dem vergleicht, was heute in Deutschland geleistet wird.“ Solche Selbstkritik am Wiederaufbau war dazumal selten, und insgesamt war der Artikel geeignet, die Leistung von Gropius als Brückenbauer von der Alten zur Neuen Welt noch einmal nachdrücklich in Erinnerung zu rufen.

Aber schon der bald darauf durch TAC errichtete Berliner Wohnblock (1955–57) für die „Interbau" am Berliner Tiergarten wurde etwas anders wahrgenommen. Im Konzert geradlinig nüchterner Zeilenbauten erschien die charakteristische konkave Krümmung manchem Zeitgenossen als „gewollt" (**Abb. 6**). Selbst uns Studenten an der TH München – wir hatten eine Exkursion zur Berliner Bauausstellung unternommen – wollte damals nicht recht einleuchten, warum ein Bau, der sich nicht auf einen Fokus, zum Beispiel einen See, einen Platzraum oder dergleichen orientierte, so gekrümmt sein musste. Und wenn schon, dann hätte der natürliche Sonnenverlauf eher eine konvexe Krümmung nahegelegt anstelle einer konkaven, zwecks bestmöglicher Durchsonnung, wie Spitzfindige unter uns meinten. Im Vergleich dazu war der Hauptbau des Harvard Graduate Center bewusst auf den zentralen Hof und die räumliche Abrundung des Geländedreiecks angelegt.

Gleichwohl war das Berliner Bauwerk den hiesigen Erzeugnissen derselben Zeit insofern voraus, als es die beiden Stirnseiten durch eine 90-Grad-Drehung der Endwohnungen mit großen Balkonen aufwertete, ja einen dramatischen Akzent setzte, anstatt diese Wände wie üblich – zumal im sozialen Wohnungsbau – fensterlos zu belassen. Dennoch warf Nikolaus Pevsner dem TAC-Bau einen gefallsüchtigen Formalismus vor,[10] der teilweise zu Lasten der Wohnungsgrundrisse gehe. Dabei waren die Wohnungen größer als die der Nachbarbauten und sind auch heute, allein schon wegen der Lage am Tiergarten, heiß begehrt.

II.
ZUR PERSON WALTER GROPIUS

Der Arbeitsstil unterschied sich von anderen Architekturbüros schon dadurch, dass sehr viel Zeit in die Entwurfsphase investiert wurde, mit immer neuen Varianten und Alternativen.

Der Mensch

Der Emigrant Gropius trat als Architekt hierzulande erst wieder im Zuge der Auseinandersetzungen um das Großprojekt „Britz–Buckow–Rudow" (BBR, 1959/73) zwischen Senatsbauverwaltung, Bauträgern und Planern etwas deutlicher in Erscheinung. Dies wurde bald überschattet von der Polemik um die erst später so genannte Wohnanlage Gropiusstadt (die Gropius nie so genannt wissen wollte). Auch die Bauten für Philip Rosenthals Porzellanfabrik in Selb beziehungsweise Amberg (1965/67) fanden bei Architekturkritikern nur verhaltene Gegenliebe und wurden im Klima der 1960er Jahre mitunter als ein eher beliebiges Resultat willfähriger Gebrauchsarchitektur abgetan.

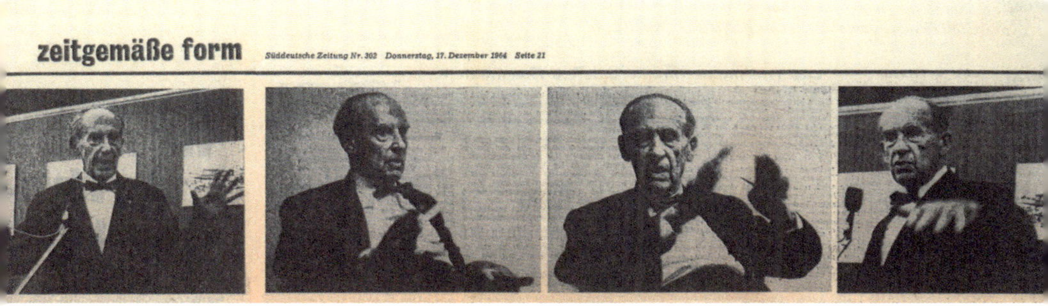

Abb. 7: Doris Schmidt: „Gropius baut für Rosenthal". Teil einer Fotoreportage in der *Süddeutschen Zeitung*, Nr. 302, 17.12.1964, S. 20/21

Es gab aber auch andere Stimmen, und man muss unterscheiden zwischen der Fachkritik an bestimmten Bauten und der eher allgemeinen, personenbezogenen Wahrnehmung: Immer wenn es um die Person ging, griff eine fast schon weihevolle Darstellung von Walter Gropius Platz, etwa in jener effektvollen Fotoserie der *Süddeutschen Zeitung*, anlässlich der Planung für die Porzellanfabrik in Selb[11] (**Abb. 7**). Die Verfasserin zieht sogar den Vergleich mit dem Typus eines großen Dirigenten, indem sie die Kunst des Bauens mit der Kunst des Dirigierens gleichsetzt. Damit beschreibt sie „eine Kunst nicht nur des schöpferischen Entwerfens, sondern auch eine Kunst des Koordinierens und Interpretierens, eine Kunst auch, Menschen mitzureißen." Gerade die letztgenannte Eigenschaft hat sich uns im persönlichen Umgang mit Gropius nachdrücklich eingeprägt – seine Rolle eines Motivators.

Der Abend
Nr. 214 MITTWOCH 14.9.55
GUTEN TAG, Herr Professor Gropius.
ALTER BERLINER
KAM GESTERN
NACH BERLIN

Abb. 8: „Alter Berliner kam gestern nach Berlin". In: *Der Abend*, Nr. 214, 14.9.1955

Die zitierte Würdigung fügt sich nahtlos in die wie orchestriert wirkende Wiederentdeckung beziehungsweise Neueinschätzung der „Person Gropius" in den deutschen Medien, einsetzend ab etwa 1955 (**Abb. 8**). Der Emigrant wurde im Nachkriegsdeutschland regelrecht herumgereicht, ausgezeichnet und mit Ehrungen versehen, was er sich allem Anschein nach nicht ungern gefallen ließ. In der Tat spielte Gropius hier eine Doppelrolle – einmal als der gefeierte Star, der wieder und wieder die immer gleichen Fragen zum Bauhaus beantworten musste; auf der anderen Seite der bekennende *team player*, der sich bescheiden und mit voller Überzeugung hinter sein junges Team in den USA stellte. Der Unterschied im Rollenspiel wurde besonders deutlich, wenn man ihn reden hörte: Seine auf Deutsch gemachten Ausführungen über die Bauhauszeit, die wir bei TAC in gelegentlichen Film- oder Videomitschnitten zu sehen bekamen, waren immer sehr flüssig mit jugendlicher Stimme vorgetragen, der man sofort das frühere Feuer anhörte. Das kontrastierte seltsam mit seiner eher verhaltenen, etwas zögerlichen englischen Sprechweise, die uns aber bei TAC viel vertrauter war und die auch hier – „zu Hause" in den USA – durchaus eloquent, aber doch anders, dunkler, nachdenklicher klang. Als Zuhörer meinte man dann, es müsse sich um zwei verschiedene Sprecher handeln.

Dass Gropius kein *english native speaker* war, wurde in seinen Texten deutlich, die zwar gut lesbar waren, aber zu langen Sätzen neigten, gleichzeitig einsichtig und doch fremdartig klangen. Manches wurde erst durch die Rückübersetzung ins Deutsche wieder deutlicher. Ein guter Beleg dafür ist sein schon 1955 in New York erschienenes Taschenbuch *Scope of Total Architecture,* das 1956 in deutscher Fassung als *Architektur. Wege zu seiner optischen Kultur* erschienen ist.[12] Aus diesem kleinen, aber inhaltsreichen Werk wird hier noch öfters zitiert werden. Wie in dessen Vorwort erklärt, stammt die Idee zur Buchveröffentlichung von Ehefrau Ise, die das Material aus Gropius' Manuskripten ausgewählt und redigiert hat.

Dennoch: Bei allen Verdiensten, die man Gropius als einem Wegbereiter der Moderne uneingeschränkt zubilligte, tat man sich gerade in Deutschland schwer mit der Einsicht, dass Gropius in TAC ganz bewusst seine Rolle als allein maßgebender und originärer Gestalter aufgegeben hatte, und zwar schon 1945, zugunsten eines Kollektivs gleichberechtigter Partner. Ja, fast scheint es, als hätte man es ihm in Deutschland nie verziehen, dass er freiwillig und ohne Not in die Anonymität eines amerikanischen Großbüros abgetaucht ist. Für Gropius war aber vor allem die Erziehung einer neuen Generation von Architekten und Stadtplanern für die zukünftigen Aufgaben in einer demokratischen Gesellschaft wichtig; ein Abbild davon im Kleinen sollte TAC sein.

Abb. 9: Chip Harkness turnt an der Skulptur von Richard Lippold, Graduate Center, Harvard-Universität. Foto um 1950

Von dem berühmten Gruppenbild (Abb. 1), aufgenommen vor der Stahlplastik von Richard Lippold im Graduate Center der Harvard Universität, gab es übrigens eine noch unkonventionellere Zweitfassung: Aus einem entfernteren Blickwinkel aufgenommen turnt hier, zu sehen ganz rechts, Chip Harkness freischwingend am Ende der Stange (**Abb. 9**). Für die etablierten Bostoner Architekturbüros muss das Bild dieser damals noch relativ jugendlichen Gruppe, die sich so vehement und bildmächtig zum Kollektiv bekannte, eine Provokation gewesen sein.

TAC im Alltag

Die Arbeitsatmosphäre bei TAC war tatsächlich „eigen" – ungezwungen, individualistisch-kollegial und ziemlich frei. Wir jüngeren Mitarbeiter kamen aus aller Welt zusammen, zum Beispiel aus Litauen, aus der Türkei, aus Kuba, Argentinien, Hongkong etc. Wir hatten meist schon mehr erlebt als die etwas braven US-Amerikaner, die natürlich die Mehrheit bildeten. Man war einem der sieben Partner zugeteilt, von denen einer, Louis McMillen, nie in Cambridge zugegen war, da er das Zweigbüro in Rom leitete. Die übrigen führten uns mehr oder weniger an der langen Leine, und wir blieben uns selbst überlassen. Schon dadurch, dass der Bürobetrieb 1962–65 noch auf drei verschiedene Häuser in Cambridge aufgeteilt war, blieb der innere Zusammenhalt relativ lose.[13]

Die verschiedenen Arbeitsstätten waren angemietete oder erworbene Ein- oder Mehrfamilienhäuser im typischen Neuengland-Stil, also recht behagliche Holzhäuser, weiß gestrichen mit grünen Fensterläden, wo selbst unter den Schrägdächern der Mansarden noch Ateliers eingerichtet wurden (die im Sommer drückend heiß wurden). Der kleine häusliche Maßstab kam der Teamarbeit – treppauf, treppab – durchaus entgegen. So saß zum Beispiel das Mount Kisco-Team für die gleichnamige Grundschule auf einer Ebene, einen Stock tiefer das Chelmsford Junior Highschool-Team, und so weiter.

Der Arbeitsstil unterschied sich von anderen Architekturbüros schon dadurch, dass sehr viel Zeit in die Entwurfsphase investiert wurde, mit immer neuen Varianten und Alternativen (s. unten, Kapitel *Yellow paper*). Manchmal schien es, als könnte man mit Konzeptskizzen ewig so weitermachen, wie um ihrer selbst willen und ohne Zeitbegrenzung: Es war eine durchaus ateliermäßige Herangehensweise, wobei der Gedanke an die zwangsläufig folgende Werkplanung in den Hintergrund trat; zumal die Arbeitsphasen „Entwurf" und „Werkplanung" nie klar getrennt waren, sondern sich ständig mischten. Das entsprach einem künstlerischen Prozess, der die Planung immer wieder auf den Prüfstand stellte, jede gefundene „Lösung" von neuem hinterfragte – allein schon durch die kollektive Arbeitsweise. Damit braucht es nicht viel Fantasie, um sich auszumalen, dass so für das Büro, auf lange Sicht, wenig Geld zu verdienen war.

Das Wort vom „meditierenden Entwerfen" war nicht ganz falsch, will man dieses zeitvergessene Herantasten an eine Aufgabe beschreiben. Kurz, TAC war seiner Struktur nach eher auf Erkenntnisgewinn als auf Geldgewinn aus. Man konnte sich kaum ein liberaleres Arbeitsklima vorstellen, in dem die Partner uns an der langen Leine hielten.

Der Verfasser war im Februar 1962 von José Luis Serts Büro zu TAC gekommen und angenehm berührt von der ungezwungenen Arbeitsweise, im Gegensatz zu Serts eher autokratischem Stil. Zunächst dem Partner Benjamin Thompson im Büro 1 Story Street zugeteilt, ging es um erste Ideenskizzen für ein etwas geheimnisumwittertes Investorenprojekt, das unter dem neutralen Namen „Piccadilly Circus Redevelopment" (1962) in London lief. Intern lief es auch unter dem Namen Monico-Projekt, benannt nach dem renommierten Café Monico, das zuvor an dieser Stelle gestanden hatte. Im Büro saßen schon andere Mitarbeiter an Vorentwürfen, kamen aber nicht recht voran.

Lichterzauber

Abb. 10: Piccadilly Circus, London

Zum Glück war ich schon einmal am Piccadilly Circus in London (**Abb. 10**) gewesen und versuchte nun, die nächtliche Atmosphäre in farbigen Skizzen einzufangen. Aber alles war noch ziemlich vage und nur als Annäherung an die Aufgabe gedacht. Während der Hauptbau, ein aufgesetztes Hochhaus, im Dunkeln blieb und uns kaum interessierte – ja als „a mindless mass of floor levels" abgetan wurde – wandten wir uns dem fünfstöckigen Sockelgebäude zu, das mit einer neuartigen Wandkonstruktion aus Leuchtreklamen den Piccadilly Circus als Platzraum neu fassen sollte. Es war also nicht nur eine architektonische, sondern auch eine städtebauliche Herausforderung. Nachdem Ben Thompson die Zeichnungen der anderen gesehen hatte und zu meinem Tisch voll tastender Skizzen kam, meinte er, dass ich den Ort besser getroffen hätte, „because Arnold has grasped the spirit of that place".

Ich meinte aber, dass man das alles besser dreidimensional darstellen müsste, und begann, ohne dafür einen richtigen Auftrag zu haben, ein großmaßstäbliches Modell im üblichen Maßstab *quarter scale* (¼ inch = 1 foot) aus Balsaholz und allerlei aufgefundenen Reklameschnipseln aus Zeitschriften zusammenzubauen (**Abb. 11, 12**). Dass mich Ben einfach so experimentieren ließ, fand ich großartig – ihm ging es um die Sache selbst und nicht darum, mein eigenmächtiges Herumprobieren zu stoppen. (Sert hätte so etwas nie zugelassen). Die Reklamewand bildete dann den vorderen Teil der Sockelzone, die als *podium* um die Straßenecke laufen und das Hochhaus tragen sollte.

Die Idee war also, den dort vorhandenen Reklamewildwuchs am Ort nicht zu negieren, sondern ihn in einer eigenen Struktur zu fassen und damit zu formen.

Abb. 11: Piccadilly Circus Redevelopment, 1962. Arbeitsmodell der Reklamewand vor dem Sockelgebäude, linke Hälfte

Abb. 12: Piccadilly Circus Redevelopment, 1962. Arbeitsmodell der Reklamewand vor dem Sockelgebäude, rechte Hälfte

Abb. 13: Piccadilly Circus Redevelopment, 1962. Sockelgebäude mit Reklamewand, darüber Hochhaus

Dabei war das fest installierte Betongerüst so gedacht, dass es die Fenster der Sockelzone nicht zudecken, sondern etwa zwei Meter vor der Außenwand stehen sollte. Es würde gleichzeitig den freien Blick zwischen den diversen Reklamekörpern hindurch auf den belebten Platz erlauben. Mit einer Taschenlampenbatterie und kleinen Lämpchen einer Modelleisenbahn schuf ich eine luftig hinterleuchtete Reklamewand, die dem weißen Architekturmodell vorgesetzt werden konnte und täuschend echt aussah (**Abb. 13**). Ein anderer Mitarbeiter begann, in rauen Mengen kleine Taximodelle für meine Zauberei herzustellen, die er aber strikt nach New Yorker Vorbild schuf, ockergelb mit grellem Licht oben drauf – bis ich ihm erklärte, dass die Londoner Taxis durchweg schwarz sind mit nur einem winzigen Lämpchen oben. Es war für ihn, wie für manch anderen Amerikaner, schwer zu begreifen, dass die Dinge im Rest der Welt nicht so waren wie zu Hause, *in the US of A*.

Abb. 14: Former Buik Dealership (später Honda Center), San Diego, ca. 1958

Abb. 15: Herbert Bayer: Entwurf für einen Zeitungskiosk, 1924

Zu der Zeit hatte uns in den USA bereits das Chaos vulgärster *billboards* sensibilisiert für das heikle Thema Werbung im Stadtraum; deren Auswüchse hatten begonnen, ganze Stadtlandschaften zu verschlingen, wogegen engagierte Autoren wie der deutschstämmige Peter Blake mit dem Buch *God's Own Junkyard*[14] ins Feld zogen (**Abb. 14**). Später schlugen Chester Liebs[15] und Judith Gutman[16] in dieselbe Kerbe. Wir meinten, wenn man das Übel schon nicht beseitigen könne, so müsse man wenigstens versuchen, es zu steuern, auf seinen Platz zu verweisen oder „einzuhausen", zumindest bei diesem Londoner Projekt. Dabei war uns zunächst gar nicht bewusst, dass gerade das Thema Werbung ein ureigenes Anliegen im Bauhaus war – ja, dass diese Kunstschule in weiten Teilen einer inspirierten und höchst effektiven Werbung ihre Existenz verdankte. So kann man auch mit Recht von der „Erfindung einer weltweit verbreiteten Marke" sprechen:[17] Während Gropius mit der medialen Inszenierung den Überbau zur kollektiven Selbstdarstellung lieferte, war Herbert Bayer (1900–1985) der geradezu idealtypische Umsetzer dieser Ideen in grafische Form – virtuos, erstaunlich unabhängig von Konventionen, immer originell und von „einer eigentümlich tänzerischen Beweglichkeit".[18]

Doch hatte ich damals noch keinen tieferen Einblick in Bayers Werk. Er hatte der Welt schon 40 Jahre früher vorgemacht, wie man banale Werbeträger wie Zeitungs- oder Zigarettenkioske künstlerisch fassen, ja beinahe zu autonomen Kunstwerken erheben könnte (**Abb. 15**). Zumindest waren es Vorbilder der modernen Gebrauchsgrafik und brillante Entwürfe, die geschickt kleine Bauhaus-Häuschen mit skulpturalen Reklametürmen verbanden. Die strikte Isometrie der Darstellung verstärkte noch den optischen Reiz auf dem Papier; was natürlich nicht heißt, dass sie, falls gebaut, ebenso stimmig ausgesehen hätten. Es war reine Grafik, während wir am Piccadilly Circus im Modell die bauliche Wirkung in voller Größe vorwegnehmen sollten.

Gropius selbst allerdings, dem gegenüber wir damals bei TAC natürlich nicht von einer Selbstvermarktung des Bauhauses, sondern vom *high level of graphic design* sprachen, lenkte die Aufmerksamkeit schnell auf die große Vielfalt der beteiligten Künste, die am Bauhaus gleichberechtigt und – mehr oder weniger – einträchtig beisammen waren; auch wies er darauf hin, dass das Bauhaus ja vor allem eine Kunstschule – und nicht etwa eine Architekturschule – war, unbeschadet ihres von der mittelalterlichen Bauhütte entlehnten Namens. Wie auch immer, mancherlei Widersprüche blieben, und bisweilen hatte man das Gefühl, dass das Bauhaus vielleicht sich selbst das größte Rätsel war.

Unser Piccadilly-Modell erregte Aufsehen im Büro, der Raum war allmählich zum leicht schummerigen Lichtlabor geworden (**Abb. 16**), interessierte Mitarbeiter kamen auf leisen Sohlen herein. Als einmal Gropius vorbeischaute, fragte ihn ein Mitarbeiter, der etwas hatte munkeln hören, ob wir etwa *related,* also verwandt seien. Darauf Gropius leise, wie nebenbei, mit versonnenem Blick auf den Lichterzauber: „Well, we share a grandmother."[19] Mehr war nicht nötig und ging auch niemanden etwas an; die Alte Welt lag hinter uns.

Gropius selbst besaß übrigens schon seit der Schulzeit ein Talent für den konstruktiven Modellbau. Als er im Lateinunterricht beim Übersetzen des *Gallischen Krieges* auf die Rheinbrücke von Julius Caesar gestoßen war, fertigte er dazu die Konstruktionszeichnungen an und baute ein maßstabsgetreues Modell der gesamten Brücke. Wie Reginald Isaacs schreibt, war es dann nur folgerichtig, dass der Brückenbauer ein Studium an der Technischen Hochschule München aufnahm.[20]

Zu unserem Piccadilly-Modell wurde der Architekturfotograf Robert Harvey (genannt *our smart Bob*) aus Boston herbestellt. Er war einer, der auf spitzbübische Art mitdenken konnte. So schnitt er aus schwarzem Karton noch ein paar kulissenartige Umrisse steilbedachter englischer Häuser (oder was er dafür hielt) mit vielen Kaminen aus, also reine Attrappen, die er geschickt an die offenen Enden der Straßenfluchten setzte, damit diese dann auf den Fotos nicht ins Leere

Abb. 16: Piccadilly Circus Redevelopment, Nachtansicht des Sockelgebäudes, 1962

liefen. Dank flutlichtartiger Ausleuchtung, die er mit seiner Ausrüstung erzeugte und auf das Modell richtete, sah das alles perfekt aus.

Schon in den Tagen vorher hatte ich gemerkt, dass der eigentlich für das Projekt zuständige *job captain* immer reservierter wurde und meine sprudelnde Kreativität offenbar als persönliche Bedrohung empfand. Als schließlich der große Tag kam und Gropius zur Vorstellung gerufen wurde, beeilte sich der *job captain*, seine Hand immer hart über dem Schalter zu halten, der das ganze Feuerwerk auslösen sollte, damit ich ihm ja nicht die Schau stehlen würde. Die Vorhänge wurden zugezogen – und ja, es wurde ein Festtag: Ganz TAC drängte sich um das in warmem Licht erstrahlende Modell. Doch dann zerschlug sich das Vorhaben leider und wurde nie gebaut. Es blieb beim schlichten Spekulationsobjekt, und die wochenlange Arbeit war umsonst gewesen. Auch ist dieses ungewöhnliche Projekt, meines Wissens, bisher nie publiziert worden.

Aber die Arbeit mit Ben Thompson war inspirierend. Seine Grundhaltung war, dass erst die Menschen, die Farben und das quirlige Leben die Architektur überhaupt ermöglichen und aktivieren, während die Bauten vor allem einfach und nachhaltig sein sollten. Er war ein eigenständiger Kopf mit regem Interesse an Modedesign, Umwelt, gesunder Ernährung und genoss hohes Ansehen im Büro. Dabei wurde er von Mitarbeitern manchmal als *vague* beschrieben – schwer fassbar, unberechenbar. Auf mich wirkte er anfangs ein wenig dandyhaft, bis ich ihn in seiner nachdenklichen Art besser kennen lernte. Seine beste Eigenschaft war, die Dinge in kreativer Schwebe halten zu können.[21] Und er war im Grunde viel zu originell, um wirklich ein Team-Mensch zu sein. So waren wir später nicht überrascht, als er sich, nach 20 Jahren bei TAC, 1965/66 selbstständig machte und sein eigenes Büro Ben Thompson & Associates (BTA) gründete; das war gleich in der Nachbarschaft der *Architects' Corner*, wie unsere vertraute Straßenecke in der Nähe des Harvard Square bald hieß, weil hier so viele Häuser von diversen anderen Architekturbüros belegt waren. Außerdem hatte er schon 1953 das anspruchsvolle Einrichtungshaus „Design Research" gegründet, kurz D/R genannt. Es sollte mit einem vielfältigen Angebot von gutem, vor allem auch skandinavischem Design (zum Beispiel Marimekko) zur Keimzelle für moderne Inneneinrichtung in den USA werden.

III. AMERIKANISCHE EIGENHEITEN

So hingen rechts an jedem Zeichenbrett elektrische Radiermaschinen am Haken – fast wie die Rasiermaschinen beim Friseur; ich musste auch an die Schwämmchen an den alten Schiefertafeln von Kindern in der Volksschule denken.

Yellow paper

Nach der leider viel zu kurzen Piccadilly-Episode kam der besagte *job captain* mit etwas verdruckstem Gesicht und sagte, er hätte da eine neue interessante Aufgabe für mich, „for which you would be needed". Er brachte mich über die Straße nach 1 Story Street in einen langweiligen Backstein-Neubau mit steiler Treppe und kleinen Räumen, wo TAC und Samuel Glaser Associates ein gemeinsames Büro für die Arbeit am Boston Federal Office Building angemietet hatten. Dort übergab er mich, sichtlich erleichtert, dem neuen *job captain* und machte sich davon. Ich wäre ja gern noch bei Ben Thompson geblieben, dessen souveräne Art mir gefiel, aber nun war es eben so; bei TAC wurde man als Neuling gerne von einem Projekt zum anderen geschoben. Aber das hatte den Vorteil, immer wieder auf ganz unterschiedliche Projekte – und Mitarbeiter – zu treffen.

Am neuen Platz herrschten enge, amerikanisch-hierarchische Verhältnisse. Die *designers* saßen in einem eigenen Raum und die *working drawing people*, unter denen ich mich fand, getrennt davon in einem anderen. Erst da merkte ich, dass ich *in fact demoted*, das heißt zurückgestuft worden war zum Status derer, die nur Werkpläne zeichnen sollen, gänzlich nach den Entwürfen anderer. – Später einmal, bei einem Besuch in Chicago, sah ich sogar, dass Werkplanzeichner abgetrennt hinter einer Glaswand saßen, aufgereiht als „Zeichenknechte" wie die Hühner auf der Stange und völlig getrennt von den privilegierten *designers*.

Jedenfalls war es mir neu, dass die *designers* – gerade in einem Büro, das sich so sehr zum Kollektiv bekannte – nun dermaßen als eigene Gruppe oder Kaste dastehen sollten oder gar wollten. Das passte auch nicht zu einer Gesellschaft, die der Gleichheit aller Zeitgenossen huldigte und die selbst im geschäftlichen Verkehr mit Außenstehenden auf der Verwendung des bloßen Vornamens bestand. Vielmehr waren es innere Widersprüche im menschlichen Umgang einer vorgeblich freien Gesellschaft. Ich hatte schon beim Eintritt in TAC einen vagen Verdacht bestätigt empfunden: Individuelle *excellence* wurde in diesem Milieu nicht gern gesehen. Man sollte vor allem *a nice guy* und im Verhalten möglichst *buddy-buddy*, locker und kumpelhaft, mit jedermann sein (was nicht meine Art war). Fairerweise muss man aber hinzufügen, dass die sieben Gründungspartner von solchen Vorbehalten frei waren und eher die ehrgeizigen *junior partners* – oder diejenigen, die es werden wollten – einem Statusdenken anheimfielen.

Im Einzelnen lief der Zeichenbetrieb so ab, dass nur die *designers* hauchdünnes gelbes Skizzenpapier benutzten, dagegen die *working drawing people* viel festeres weißes Transparentpapier, auf dem man viel radieren konnte, ohne es zu zerreißen. Die Papierfarbe unterschied also zwei Klassen von Architekten! Das gelbe Papier war so dünn und kaum radierfähig, dass es massenhaft im Papierkorb landete; das weiße war radierstabil und konnte wiederholt traktiert werden. Das Wegradieren von eben erst Gezeichnetem war ja die Regel – zumal bei TAC, wo jeder Entwurf immer wieder neu geprüft und korrigiert wurde.

So hingen rechts an jedem Zeichenbrett elektrische Radiermaschinen am Haken – fast wie die Rasiermaschinen beim Friseur; ich musste auch an die Schwämmchen an den alten Schiefertafeln von Kindern in der Volksschule denken. Die klobigen Dinger ähnelten, in jener Vor-Computerzeit, kleinen Bohrmaschinen, nur dass sie vorne einen roten Radiergummi kreisen ließen. Damit hatte man wenig Gefühl für das Transparentpapier, das später beim Lichtpausen die radierten Stellen dunkel anzeigte. Das beständige Surren der Radiermaschinchen ließ uns ins Grübeln geraten ob der Vergeblichkeit allen Entwerfens, und es wurde mehr radiert als notwendig. (In deutschen Zeichenbüros wurden Fehler in Tuschezeichnungen damals noch per Hand mit der Rasierklinge weggekratzt.)

Ich war gewohnt, dass man einen Entwurf selbst von Anfang bis Ende durchzieht und falls notwendig auch bis zuletzt immer noch änderte. Als mir die Eingangshalle des Federal Office Building (FOB) in Boston zur Ausarbeitung in Werkplänen zugewiesen wurde, tat ich so, als hätte ich keine Ahnung von einer solchen Arbeitstrennung. Ich begann, mit dem Übermut dessen, der hier nichts zu verlieren hat, die Eingangshalle Stück für Stück nach eigenem Gutdünken zu „verbessern", das heißt hie und da kleine Korrekturen in Proportion und Gestaltung anzubringen – und das auf gelbem Skizzierpapier, das in diesem Arbeitsraum nichts mehr zu suchen hatte. Denn die Entwurfsphase war schon seit Wochen abgeschlossen.

Eines Tages kam Sam Glaser (1902–1983) – schmal, betagt, europäisch-jüdischer Herkunft – an meinen Zeichentisch, blickte erst auf das gelbe Papier und dann lange sinnend auf mich, sagte aber nichts und ging wieder. Doch später kam der verantwortliche *chief designer* recht besorgt aus dem Nachbarraum, weil er gehört hätte, hier hantierten *some people once again with yellow paper* und dass solches in diesem späten Stadium gestoppt werden müsse. Ich erklärte ihm mit einigem Nachdruck, dass die Halle so noch nicht gut sei und dies und jenes anders aussehen müsse. Er sah sich meine Skizzen stirnrunzelnd an und meinte dann, das könne nur *Grope* entscheiden. Denn die Entwurfsarbeit lag immer noch bei TAC, nur die Ausführung bei Glaser.

Gropius kam dann auch, schaute sich aufmerksam an, wie ich da ein breites Metallband in Türhöhe um das ganze gläserne Foyer geschlungen hatte, anstelle einer dünnen Sprosse, wie sie die *designers* vorgezeichnet hatten. Ich hatte das Band noch extra auf dem gelben Papier weiß überhöht, damit man es gleich sehen sollte. Das war ja das Schöne am gelben Papier, dass man mit weißem Farbstift bestimmte Partien – wie in einer Porträtzeichnung – hell herausarbeiten konnte. *Grope* fragte freundlich, warum ich das mache, so mit dem Band da, und ich sagte: „Well, it helps to unify the whole thing." Das fand er auch, nickte nur kurz, und die Sache war erledigt.

Es war ja im Grunde wieder das Gürtelmotiv, das sich schon in allen oberen Stockwerken einigend und bindend um den Baukörper gezogen hatte. Vielleicht verschaffte es *Grope* ja auch insgeheim Genugtuung, an dem kleinen Beispiel einmal die künstliche Trennung zwischen Entwurf und Ausführung bei Sam Glaser zu unterlaufen, die er immer für widersinnig gehalten hat.[22]

Mitarbeiter

Eine Mitarbeiterin, Adelaine Shephard, genannt Ada, quirlig und kugelrund von Gestalt, warf mir, nach der obigen Episode, einen triumphierenden Blick zu. Es schien ihr ganz recht, dass diesen Glaser-Leuten einmal Grenzen gesetzt wurden. Sie stammte, weit entfernt zwar, von Indianern ab, hatte uns einmal zwischen Zeichentischen einen indianischen *pow-wow*-Tanz vorgeführt und war allgemein empfindlich gegen jede Art von *bossy* Verhaltensweisen oder männlicher Gängelei. Später wohnte ich bei ihr in Woburn zur Untermiete. Ihr Haus war leider auch der Ort, wo es eine Überschwemmung im Keller gab, während ich mit Frau und Kind im Herbst 1962 auf Ferienreise in den Südstaaten war – zum Appalachian Trail, zu den Blue Ridge Mountains und bis hinunter nach Charlston und Savannah. Nach der Rückkehr fand ich meine kostbaren Griechenland-Dias und viele Schriftstücke und Arbeitszeugnisse vermodert im Keller vor.

Ada pflegte beim Zeichnen viel und fröhlich zu reden, über Kunst und sonst noch so allerlei, und war immer neugierig auf andere Meinungen. Gerade als sie mit Kennermiene den Begriff *Art Nouveau* in den Raum warf, kam Glasers *office manager*, ein eher finsterer Typ, an ihren Tisch und verbat sich das dauernde Gerede bei der Arbeit. Ada brach in Tränen aus, worauf unser eigener *job captain* von TAC, Roland Kluver (deutschstämmig aus Nebraska) den Glaser-Mann energisch darauf hinwies, dass man Mitarbeiter von TAC keineswegs so behandeln dürfe. Es war der seltene Fall einer lautstarken Auseinandersetzung in einem amerikanischen Büro und absolut unüblich.

Ein anderer Mitarbeiter im selben Team, Ben (Benjamin) Hunter, war ein eher nachdenklicher Mensch, durch den man viel über amerikanische Geschichte erfahren konnte. Er war anders als die übrigen Mitarbeiter, kam aus den Südstaaten mit jenem typischen Akzent und war als Person mit ein Grund für meinen Wunsch, endlich die oben erwähnte Fahrt in jene Gegend zu unternehmen. Bei einer Einladung zu uns nach Hause erzählte er erst stockend, dann eingehender vom *March of Tears*, jenem Todesmarsch der *Cherokee*-Indianer, der *Creek* und benachbarter Stämme, die um 1835 aus ihren alten Gebieten in Tennessee vertrieben und zu Tausenden umgekommen waren; das lag nun volle 130 Jahre zurück, aber er sprach darüber, als wäre es eben erst geschehen – und das mit solcher Betroffenheit, als hätte er selbst Schuld an dem Ereignis. Er war sehr kritisch gegenüber der Politik der Pionierzeit wie auch der damaligen Außenpolitik der USA und wollte stets wissen, was man in Europa, das er nicht kannte, darüber dachte. – Später erfuhr ich, dass er, mit nichtmal 30 Jahren, an Krebs gestorben war.

Abb. 17: William J. Geddis, Office Manager bei TAC

Office Manager

Als ich nach der Südstaatenreise zurück in Boston war, ohne Geld, und wieder bei TAC einsteigen wollte, sagte der *office manager* William J. Geddis (**Abb. 17**), ein großer drahtiger Yankee, mit bedenklicher Miene, dass meine Situation zuletzt *not quite clear* gewesen sei, als ich einfach so in den Süden abgefahren war. Aber er mochte mich und sagte einmal bei anderer Gelegenheit, dass er im Krieg die Deutschen nie wirklich hätte hassen können. Als ich ihn verwundert ansah, meinte er, ja, in der Normandie seien es zwar meist ältere Männer gewesen, die da kämpften, aber in der *Battle of the Bulge* (Ardennenoffensive) hätte er *fine young soldiers* angetroffen: *I just couldn't hate them*. Der ganze Krieg steckte ihm noch in den Knochen. Und nun schien mir, dass er insgeheim ganz froh war, so einen *german soldier* im Büro zu haben, und ich wurde wieder eingestellt.

IV.
GROPE

In seinem Lebensstil war Walter Gropius sehr bescheiden. Er fuhr das mit Abstand unspektakulärste aller amerikanischen Autos, einen mausgrauen Rambler (eine Marke, die es längst nicht mehr gibt) – so grau, dass man es fast übersehen hätte.

Der Spitzname

Während Gropius seinerzeit von den Studenten am Dessauer Bauhaus unter anderem den Namen *Pius* verpasst bekommen hatte (und seine Frau Ise *Pia* hieß), wurde er von den amerikanischen Partnern immer nur *Grope* genannt. Er war für sie so etwas wie eine Vaterfigur, und es herrschte große Vertrautheit im Umgang miteinander. Einige waren vormals seine Studenten an der Harvard Graduate School of Design gewesen. Dabei wollte er immer nur Kollege sein, kein Boss, nur einer im Team von mehreren. Doch seine Präsenz war stark, und ich bewunderte, wie beredt er mitunter schweigen konnte, wenn er Zweifel an etwas hatte und die Partner sich ihm schon besorgt zuwandten.

Gegen den Spitznamen hatte er nichts, eher im Gegenteil. Dabei meint *to grope* ein eher mühsames Sichheranwühlen, tastend und suchend wie ein Maulwurf. Das entsprach aber seinem Arbeitsstil. Weniger gut war, dass später einer der jüngeren Mitarbeiter – der später *junior partner* werden sollte – unseren *Grope* nachzumachen beliebte, indem er leicht schwankend an den Zeichentisch trat, seine etwas fahrigen Handbewegungen und den zögernden Schritt nachahmte; das fand ich billig.

Grope hatte die Art, sich seinem Gesprächspartner immer sehr aufmerksam und konzentriert zuzuwenden, dabei aber mit einem milde herausfordernen Blick aus blauen Augen erst einmal abzuwarten, was man zu sagen hatte – so als erwarte er, dass man bei weiterem Angeschautwerden immer noch mehr und mehr von sich preisgeben würde. Es war also nicht die bekannte Attitüde großer Meister, auf Anhieb mit mehr oder weniger unbewegtem Gesicht irgendetwas Bedeutendes zu verkünden, ohne direkten Augenkontakt, sondern es war eine ganz persönliche Art der Zuwendung.

Bei Gropius hatte man das Gefühl, dass sein forschend-abwartender Blick signalisieren sollte, ihm frei von der Leber weg alles sagen zu dürfen, was immer es sei. Was im Englischen *soft-spoken* als Zeichen kultivierten Umganges heißt, war bei ihm die vertrauenerweckende Haltung, warten zu können. Sicher haben seine Erfolge als begnadeter Lehrer etwas mit diesem geduldigen Habitus zu tun, mit seiner Fähigkeit zum Zuhören. Man hätte es auch *creative listening* nennen können, weil gerade diese Art die eigenen Gedanken des Gegenübers freimachen und beflügeln konnte. Fotos können das nicht zeigen – doch gibt es eines, das diesem Gesprächsstil nahe kommt (**Abb. 18**). Wenn er aber dann doch selbst sprach, fühlte man sich hineingezogen in seine ganze Persönlichkeit.

Abb. 18: Walter Gropius (links) im Gespräch mit Le Corbusier, Marcel Breuer und Sven Markelius, bei der Planung des UNESCO-Gebäudes in New York, 1952

Der Partner John C. Harkness, genannt Chip, mit dem ich später meist zusammenarbeitete, wusste mancherlei Anekdoten über *Grope's* Anfangsjahre in den USA zu erzählen. So hatten die späteren Partner ihn einmal mitgenommen zu einem renommierten Herrenschneider in Boston. Denn sie wollten ihn amerikanisch einkleiden und meinten, ein zweireihiger Anzug würde mehr hermachen und ihm gut stehen. Als aber der Schneider immer wieder von einem *double-breasted suit* sprach, meinte *Grope*, so etwas würde er sich doch eher bei einer Frau vorstellen und dass er lieber beim Einreiher bleiben wolle.

Lehrtätigkeit an der Harvard Graduate School of Design

So erfuhr ich auch erst nach und nach etwas mehr über die frühe Lehrtätigkeit von Gropius ab 1937 in Harvard. In jenen Anfangsjahren von TAC waren es ja weniger die Aufträge (die noch auf sich warten ließen) als die gemeinsamen Lehrveranstaltungen mit seinen Studenten und späteren Partnern an der GSD, die schon ein festes Band gegenseitigen Vertrauens geschmiedet hatten. Die regelmäßigen *juries*, öffentliche Verteidigungen der studentischen Abschlussarbeiten, boten ein willkommenes Forum für freundschaftlichen oder kritischen Schlagabtausch zwischen *junior lecturers* und älteren Kollegen, der mit viel Witz und Leidenschaft geführt wurde (**Abb. 19**). Dabei galt Gropius, der als hochgeschätzter Leiter der GSD fungierte, während der Kriegszeit rechtlich immer noch als *enemy alien*, der sich regelmäßig bei der Polizei zu melden hatte und in den USA nur mit spezieller Genehmigung herumreisen durfte, bis er 1944 endlich die amerikanische Staatsbürgerschaft erhielt.

Für mich, als ich viel später in die USA kam, war die Teilnahme an diesen öffentlichen *juries* von rein studentischen Projekten eine ganz neue Erfahrung; alle sind mir als Ereignisse in Erinnerung geblieben. Nebenbei bescherten sie uns auch Einblicke in die echten oder vermeintlichen Spannungen zwischen etablierten und jüngeren Lehrern an der GSD. Als in den 1960er Jahren nicht mehr Gropius, sondern Dean Sert die GSD leitete (die Positionsbezeichnung *Dean* des Dekans nutzten wir wie einen Namensbestandteil), waren die ideologischen Schaukämpfe über diese oder jene architektonische Lehrmeinung besondere Anlässe, zu denen dann auch gerne auswärtige *jury guests* herbeigeholt wurden.

Zum inneren Kreis um Sert gehörten auch der Schweizer Sigfried Giedion und der Wiener Eduard Sekler. Ersterer erschien gelegentlich mit Sert zu den wöchentlichen Korrekturen unserer Entwürfe oder zu den *juries.* Giedion umgab ein gewisser Nimbus aufgrund seines Epochenwerkes *Space, Time, and Architecture* von 1940, er blieb aber für uns Studenten eher der etwas distanzierte „Schriftgelehrte". Sein Band galt einige Zeit als die Bibel der neuzeitlichen Architekturgeschichte. Ganz anders der liebenswürdige Eduard Sekler, dessen Humor und jugendliche Begeisterungsfähigkeit ansteckend waren. Einmal zeigte er uns die letzten Seminararbeiten zum Thema „Europäische Stadträume"; es waren sehr sauber gearbeitete Modelle berühmter Plätze der Alten Welt, darunter zum Beispiel der zentrale Marktplatz von Schwäbisch Hall mit der großen, bühnenartigen Freitreppe vor der Kirche St. Michael. Es war meine erste Begegnung mit diesem Ort und ich dachte, nun muss ich also nach Harvard kommen, um endlich einmal dieses Juwel meiner eigenen Heimat kennenzulernen. Sekler war – darin Gropius nicht unähnlich – einfach ein begnadeter Vermittler.

Eine schöne Erfahrung war gleich die erste Aufgabe, die José Luis Sert seiner Meisterklasse gestellt hat: Es war ein sogenanntes *sketch problem*, eine Art Stegreif-Entwurf, für den es nur zwei Wochen Bearbeitungszeit gab. Es ging dabei um das Boston Arts Festival im September 1960. Dieses alljährliche Ereignis im Stadtpark am grünen Ufer des Charles River war mit der Zeit zu einem banalen Event verkommen, mit allerlei an Bäumen aufgehängten Bildern von Hobbymalern, bemühtem Kunsthandwerk und Frittenbuden.

Abb. 19: Jury studentischer Arbeiten an der GSD: in der Mitte der damals noch jugendliche Chip Harkness im Gespräch mit dem späteren Bibliothekar Keyes Metcalf, links neben Chip I. M. Pei, rechts außen Walter F. Bogner als Betreuer, vorne links sitzend Walter Gropius (damals noch mit der unvermeidlichen Zigarre), rechts neben ihm Dean Joseph Hudnut. Foto 1947

Der eigentliche Sinn der Aufgabenstellung *Proposals for the Boston Arts Festival* war, das Talent der Studenten für freie Problemlösungen zu testen, wobei es weder ein festes Raumprogramm noch Korrekturen gab. Bei der Jury-Präsentation meiner Arbeit sagte ich, dass Leute, die wirklich Kunst sehen wollten, doch wohl eher ins Museum gehen würden, als sich unter Würstchenbuden herumzutreiben – und dass sich Kunst, die sich in der freien Natur behaupten will, viel stärker auf die örtliche Beschaffenheit der Außenräume, auf den Boden, die Sichtachsen und vorhandene Vegetation beziehen müsste; dass also die Präsentation von Kunst im öffentlichen Raum ganz anderen Gesetzmäßigkeiten als denen im Innenraum unterliege.

Da mein Englisch damals noch das eines blutigen Anfängers war, sorgte bei der Beschreibung dieser Gegensätze mein Satz „smooth bottom allows fast moving" für allgemeine Heiterkeit, wobei ich mit *bottom* (den Ausdruck hatte ich im Lexikon gefunden) natürlich nicht den Hintern, sondern glatten Boden – *smooth ground* – meinte, der schnelle Fortbewegung erst möglich mache. Und eben diese unbekümmerte Bewegung wäre zur Kunstbetrachtung absolut nötig, ohne Angst vor unsicherem Boden haben zu müssen, wie man ihn im Freigelände antreffen würde.

Aus diesen Überlegungen heraus entwickelte ich eine Bildergeschichte (**Abb. 20**), welche die tatsächliche Erfahrung des Gehens auf rauem Boden – wie zum Beispiel mit hochhackigen Damenschuhen in tastender Unsicherheit (ganz rechts) – illustrieren sollte. Mir lag also nicht an einem fertigen Ergebnis, wie die Aufgabe es eigentlich verlangte, sondern an einem Prozess, den man erst einmal verstehen sollte – eben die Rückbesinnung auf ursprüngliche Erfahrungswerte von Bewegung im Raum. Dabei sollte zum Beispiel der Boden in seiner Oberfläche und Eigenart durch wechselnde Materialien und eingestreute „Funde" gegliedert und so das Gehen selbst zu einem Kunsterlebnis voller Spannung und Entdeckerfreude werden!

Im Grunde war mit diesem Ansatz – einer Antithese – die eigentliche Kunstbetrachtung gar nicht mehr möglich, weil man ständig auf seine Füße achten musste – zumindest auf jenen Wegstrecken, die für solche Spurensuche gedacht waren. Durch die ständige Rückkoppelung von Fuß und Auge würde der gesamte Körper des Besuchers in das Kunsterlebnis einbezogen, ja aktiviert, und die in Museen übliche einseitige Ermüdung des Sehsinnes würde gar nicht erst eintreten. Sert verstand das sehr gut, aber die Studenten waren ziemlich sprachlos ob der Zumutung, hier die Grundbedingungen räumlicher Wahrnehmung erörtern zu wollen – noch dazu in einer *jury*! Die meisten Kommilitonen hatten feste Stellagen für Bilder oder temporäre Pavillons entworfen. Was die Genossen aber nicht davon abhielt, nach der Vorstellung meine frechen Zeichnungen zu bewundern. (Und unter uns wurde der *smooth bottom* zu einem schalkhaften Kennwort.)

Walter Gropius hatte sich schon in den 1950er Jahren mit den Gesetzmäßigkeiten der räumlichen Wahrnehmung beschäftigt, in jenem Buch, das ich damals noch nicht kannte.[23] Sert war als Nachfolger von Gropius auf derartige Untersuchungen eingestimmt und bald mein wohlwollender Förderer geworden. Aber es dauerte, bis ich erkannte, dass Gropius' Satz von *unity in diversity* kein leerer Slogan war, sondern die Forderung enthielt, jeden Entwurf aus der Ganzheit natürlicher Erscheinungen heraus zu entwickeln.

Zelebration der Jury

Dass derartige *juries* in Harvard als Ereignisse zelebriert werden konnten, war nur aus den besonderen Umständen eines kleinen – durchaus elitären – Kreises zu erklären, in dem der Lehrende jeden Studenten persönlich kannte: Es war der Luxus der kleinen Gruppe, die in der Meisterklasse selten mehr als

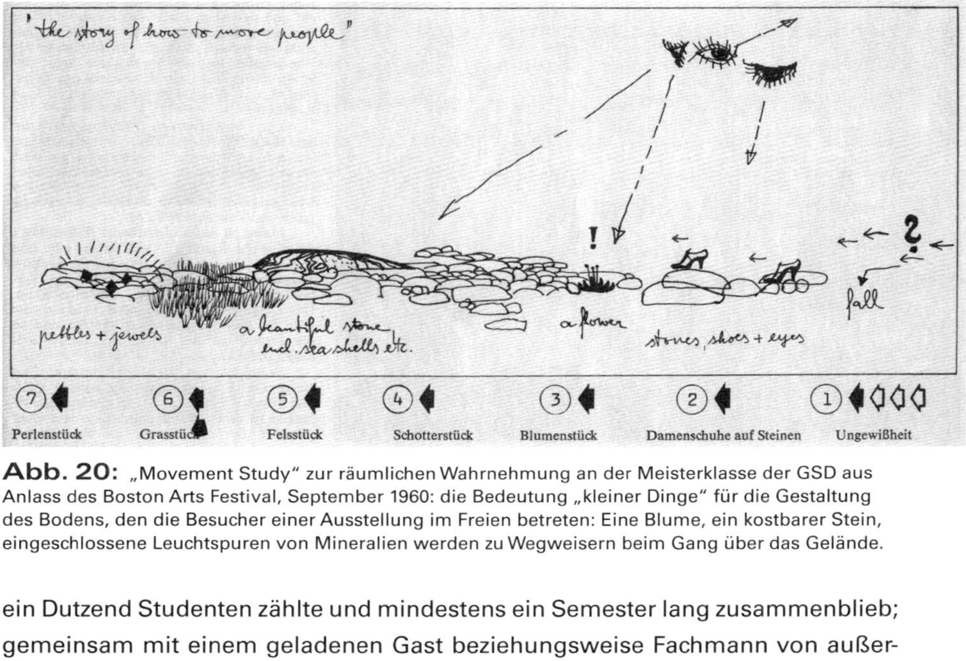

Abb. 20: „Movement Study" zur räumlichen Wahrnehmung an der Meisterklasse der GSD aus Anlass des Boston Arts Festival, September 1960: die Bedeutung „kleiner Dinge" für die Gestaltung des Bodens, den die Besucher einer Ausstellung im Freien betreten: Eine Blume, ein kostbarer Stein, eingeschlossene Leuchtspuren von Mineralien werden zu Wegweisern beim Gang über das Gelände.

ein Dutzend Studenten zählte und mindestens ein Semester lang zusammenblieb; gemeinsam mit einem geladenen Gast beziehungsweise Fachmann von außerhalb konnte man sich in der Schlussrunde in Rede und Gegenrede austauschen, ohne Zeitdruck. Aus dieser Haltung heraus ist auch der „Brief an eine Gruppe von Studenten" (**Abb. 21**) zu verstehen, den Gropius zum Jahresbeginn 1964 geschrieben hat – einprägsam vor allem wegen des einen Satzes: „Handle, als ob Du ewig leben würdest und forme Deine Pläne weit voraus."

Als im Frühjahr 1961 eine ähnliche *jury* an der Universität Yale (New Haven) angekündigt wurde, machten wir uns auf den immerhin 400 Kilometer langen

Weg und erlebten eine weitere *session,* die in puncto Witz, Originalität und intellektuellem Vergnügen alles Bisherige übertraf. Der deutsch-amerikanische Architekt Ulrich Franzen (1921–2012) war zugegen – ein wahrer *show man* und guter Debattenredner, und ein anderer französisch-amerikanischer Kollege stand ihm nicht nach in galligen Komplimenten zur *typical Yale box*, welche die Studenten hier ihrem verehrten Lehrer Paul Rudolph (1918–1997) wieder einmal hingestellt hätten. Dieser war damals der neue Ostküsten-Star, dem die Studenten mit „brutalistischen", vorgeblich Rudolph-typischen Entwürfen nacheiferten. Rudolph sprach wenig, aber verstand es, im abgedunkelten Saal – mit einem einzigen auf

Letter to a Group of Students

For whatever profession, your inner devotion to the tasks you have set yourself must be so deep that you can never be deflected from your aim. However often the thread may be torn out of your hands, you must develop enough patience to wind it up again and again. Act as if you were going to live forever and cast your plans way ahead. By this I mean that you must feel responsible without time limitation, and the consideration whether you may or may not be around to see the results should never enter your thoughts. If your contribution has been vital, there will always be somebody to pick up where you left off, and that will be your claim to immortality.

January 14, 1964

WALTER GROPIUS

Abb. 21: Walter Gropius: Brief an eine Gruppe von Studenten, gedruckt als Karte, 14.1.1964

das Modell gerichteten Scheinwerfer – dem raunenden Fachgespräch der Juroren die Aura einer Feierstunde zu verleihen. Das war einfach wundervolles Theater, und wir überlegten schon, ob wir besser von Harvard nach Yale wechseln sollten, allein dieser funkensprühenden *juries* wegen.

In dieselbe Zeit fällt eine Serie von Vorträgen, die Gropius am Boston Architectural Center gehalten hat (**Abb. 22**), zum Thema „Tradition and Continuity in Architecture". Wie sich Gropius entschieden zu den Ideen von John F. Kennedy bekannte, imponierte uns. Hier der Schluss des ersten Vortrags:

> „This country has just watched the tragically short performance of one of the few people who seemed singularely at home in *this* century and who never doubted that we could make something of it that would prove ourselves to be responsible protagonists of our own phase of history. President Kennedy was neither frivolous in his optimism nor did he allow

ARCHITECTURAL RECORD MAY 1964

Wolf Lücking

TRADITION AND CONTINUITY IN ARCHITECTURE

In a noteworthy recent address
given at the Boston Architectural Center,
Walter Gropius re-examined the great themes of his career.
In a three part series beginning this month,
Architectural Record presents his talk in full

ARCHITECTURAL RECORD *May 1964* 131

Abb. 22: Vortragsreihe „Tradition and Continuity in Architecture“ am Boston Architectural Center, veröffentlicht in *Architectural Record*, Mai 1964 any washing of hands in the face of our mountainous problems. At home in the present, but familiar with the traditions of the past, he cast his thoughts far ahead of himself and gave new articulation to the American Image which the whole world has become aware of. He understood also, that true democracy needs, as a basic requirement of life, its own flowering of art as a powerful equal to science and the economics of affluence. His scope of understanding for the unity of life in all its phases is a challenge to all professions."[24]

63 Brattle Street – *Grope's Refuge*

Grope hatte sich mit seinem Arbeitsplatz im Erdgeschoss von 63 Brattle Street häuslich eingerichtet, in einem Eckzimmer, das nach Süden über einen schönen grünen Rasen zur Straße ging. Das dreigeschossige Haus atmete durch und durch *New England*, die verbretterten Außenwände weiß gestrichen mit grünen Fensterläden (**Abb. 23**). Als ich ihn dort Anfang Oktober 1960 zum ersten Mal besuchte (sozusagen mein Antrittsbesuch, obwohl wir uns im selben Jahr bereits kurz in Düsseldorf anlässlich der Verleihung des Großen Kunstpreises des Landes Nordrhein-Westfalen getroffen hatten), saß er am Schreibtisch – ein bisschen wie ein preußischer Geheimrat, und der Anblick war nun doch überraschend.

Mir fiel auf, dass zu seiner Linken, vor dem unteren Teil des Fensters, eine bestickte Wolldecke hing, die mit vielen kleinen Ringen und Haken säuberlich am Rahmen festgemacht war. Seine Frau Ise (1897–1983) hatte das besorgt, ganz nach Berliner Tradition, und es erinnerte mich an die Wohnung meiner Großmutter beziehungsweise an eine Puppenstube: Hier also, dachte ich, sitzt der große Bauhaus-Meister hinter der Häkeldecke! Diese Decke war aber bitter notwendig, denn die amerikanischen Holzfenster (vertikale Schiebefenster) hatten weder Falz noch Dichtung und waren fast immer undicht gegen Zugluft. Damit sie beim Hochziehen leichter liefen, musste der Flügel im Rahmen etwas Spielraum haben – und das in einem Klima mit Wintertemperaturen, die bis auf minus 20 Grad Celsius fielen.

Schon ein paar Wochen vorher beim Einzug ins Harvard-Wohnheim *Perkins* hatte ich mich über diese altväterliche Konstruktion gewundert. Wenn man den Fensterflügel schnell hoch und herunter zog, hörte man die Gegengewichte im Rahmen gegen das Holz klappern. Und wenn man den Kopf aus dem offenen

Abb. 23: 63 Brattle Street, Stammsitz von TAC. Vor Ort bekannt als Nichols House von 1827, wurde um 1969 von Harvard an eine Ecke der Education Library transloziert. Das Arbeitszimmer von Gropius befindet sich hinter dem rechten unteren Fenster.

Fenster strecken wollte, stieß man jedesmal gegen das Fliegengitter, das nie fehlen durfte. Wollte man jemandem unten auf der Straße etwas zurufen, war immer dieses lästige Fenstergebilde im Weg, jedenfalls seltsam sperrig, unkommunikativ und nicht für Kontakt nach außen gedacht. Meine Erwartungen an amerikanische Baukunst und Hochtechnologie erhielten dort ihren ersten Dämpfer.

Man macht sich heute nicht mehr klar, welch strikte Trennung in den USA damals herrschte zwischen „drinnen" und „draußen": Es gab in den frühen 1960er Jahren noch keine offenen Straßencafés, nicht einmal im liberalen Harvard: Essen und Trinken mussten im Hausinneren stattfinden, Straßenleben war auf Gehen und Fahren beschränkt. Das prägte auch den sozialen Umgang, der etwas seltsam Förmliches haben konnte. In der Mensa hörte ich eines Tages zwei Studenten, die gerade von einem Gastaufenthalt in München zurückgekehrt waren, glückselig von der Leopoldstraße schwärmen: Es gebe doch eigentlich nichts Schöneres, als dort in aller Öffentlichkeit mit einem Bier an der Straße zu sitzen – „quite in the open and watching the girls go by". Erst über das Vorbild London, damals das *swinging Britain* mit der Carnaby Street etc. kam ab Mitte der 1960er Jahre so etwas wie Straßenleben ins Stadtbild: Harvard wurde farbiger.

Zurück in *Grope's* Büro hing ein großes Foto vom Pan-Am Building in New York an der Wand, das ich bewunderte. Er hatte das Hochhaus zusammen mit Pietro Belluschi und Emery Roth & Sons 1958–63 erbaut und erzählte, dass der Riesenbau – nicht weit von Ludwig Mies van der Rohes eben fertiggestelltem Seagram Building – 28.000 Menschen behause und 79 Aufzüge habe. Im Gefüge der bleistiftdünnen Hochhäuser aus den 1930er Jahren musste der massige Bau wie ein Fremdkörper wirken (**Abb. 24**). Gropius erklärte mir, wie auf seine Veranlassung der ganze Turm vor Baubeginn noch um 90 Grad gedreht worden war, sodass er den Blick hinunter entlang der Park Avenue abschloss – fast wie ein Schloss am Ende einer Vedute.

Das aber hatte laute Kritik in Manhattan ausgelöst, weil nun der freie Blick auf den Eingang des Hauptbahnhofs Grand Central Station durch die dahinter aufragende Hochauswand gestört war. Der charakteristische Bahnhofsgiebel war nicht mehr frei gegen den Himmel zu sehen (**Abb. 25**). Ich hatte den Eindruck, dass Gropius diese Kritik durchaus beschäftigte. Denn hier hingen die NewYorker mit Leidenschaft an einem Bau des Eklektizismus! Außerdem bemängelte er, dass die Farbe der Natursteinverkleidung am Pan-Am-Bau *sick* aussehe. „Krank?" Auf meine verwunderte Frage lachte er und meinte, ja, ungut, unwohl, verquer, sodass man schon krank davon werden könnte. (Heute ist der Bau längst mit einer Patina überzogen.) Und dann fragte *Grope*, wie es mir mit dem Englisch erginge, denn ich war noch ganz am Anfang und brauchte fast zwei Monate, bis ich flüssig sprechen konnte.

Abb. 24: Pan-Am Building, NewYork, Luftbild, um 1963

Aber auch dann noch meinten die Kommilitonen an der GSD: „Yes, you get along – but you don't get the jokes." Die Witze waren in der Tat ein Problem, denn ich wusste oft nicht, was damit gemeint war oder so furchtbar komisch sein sollte. Und sie sagten noch etwas anderes mit Nachdruck, was mich immer häufiger begleitete, nämlich: „Arnold, take it *easy*!" Anscheinend ging ich damals mit bitterem Ernst an meine Aufgaben.

Bei meinem Besuch sagte der damals 77-jährige Gropius noch, dass man die Dinge im Alter gern etwas langsamer angehen ließe, aber man könne nur entweder in der Mühle mit den Terminen drin bleiben oder müsse ganz aussteigen. Die Universität in Bagdad mache viel Arbeit, und außerdem habe er gerade in diesen Tagen die Neuplanung für den Piccadilly Circus in London übertragen bekommen. Das wäre eine große Sache, über die es vorher lange hin und her gegangen sei. Als ich anderthalb Jahre später bei TAC anfing, sollte ausgerechnet das Piccadilly-Projekt meine erste Arbeit werden.

PANAM

Abb. 25: Blick entlang der Park Avenue auf den Grand Central Terminal Office Tower mit Pan-Am Building dahinter, 1958

Der graue *Rambler*

In seinem Lebensstil war Walter Gropius sehr bescheiden. Er fuhr das mit Abstand unspektakulärste aller amerikanischen Autos, einen mausgrauen *Rambler American* (eine Marke, die es längst nicht mehr gibt) – so grau, dass man es fast übersehen hätte. Die Marke hatte wenig Prestige, war ein für amerikanische Verhältnisse sparsamer Kompaktwagen, der wegen der Konkurrenz zu dem damals alles überschwemmenden VW-*Beetle* nur 200 Dollar mehr als letzterer kosten durfte. Mit diesem unscheinbaren Auto fuhr sich *Grope* jeden Morgen – pünktlich um neun Uhr – selbst ins Büro, obwohl damals schon über 80, trug dabei einen ebenso grauen Shawl und ein *matching* Beret – alles in allem eine offenbar ausgesuchte Abstufung von Hell- bis Dunkelgrau.

Wenn dann *grey Grope* so ankam, musste ich an die Erzählungen aus seiner Berliner Familie denken: Als Junge hatte man ihn gefragt, was denn seine Lieblingsfarbe sei; er wollte sich aber nie festlegen und sagte immer nur „bunt!“. Das verband ich in der Vorstellung mit einem offenen, immer neugierigen Naturell, das er ja wirklich besaß. Was hatte ihn nur bewogen, sich jetzt so ganz auf Grau zu kaprizieren, ja, sich damit als Person völlig in die graue Anonymität einer solchen Nichtfarbe zu begeben? Hatte er das nötig? Auch sein Auto war ja kein hell strahlendes Silbergrau – heute angeblich die Lieblingsfarbe deutscher Autofahrer –, sondern ein stumpfes Taubengrau.

Gleich neben der Adresse 63 Brattle Street gab es eine schmale Sackgasse, den Appian Way. Er führte auf einen alten Friedhof zu. Ganz am Ende konnte man unauffällig parken, und einmal sah ich Gropius dort rückwärts einparken, was elegant gelang. Die tägliche Fahrt von seinem Haus in Lincoln nach Cambridge dauerte etwa eine halbe Stunde. Als ich mich eines Tages erdreistete, selbst dort zu parken, ging das einige Male gut, bis eines Abends ein handgeschriebener Zettel an der Scheibe steckte, unterzeichnet vom Constable of the City of Cambridge, mit den Worten: „If you insist on parking here, you will be towed away“. Ich wusste zwar, dass dort ein gelber Streifen am Bordsteinrand war, aber es war ja für Gropius immer gut gegangen. Mich wunderte diese seltsam vorsichtige Warnung, bis mir die Zusammenhänge klarer wurden: Es gab da offenbar ein stillschweigendes *agreement* oder *secret understanding* mit der Polizei, dass Gropius trotz Verbot am Friedhof parken durfte, aber niemand sonst.

Mittags begegneten wir uns oft, wenn ich vom Essen kam und er gegen ein Uhr allein und zielstrebig auf dem Weg zur Church Street war. Wir grüßten uns zwar, doch hatte ich immer den Eindruck, dass er da auf dem Weg nicht so gern gesehen oder aufgehalten werden wollte. Wieder kam mir der *Rambler* in den Sinn, was ja auch „Wanderer" heißt, und so ließ ich ihn weiterziehen. In der Church Street hatte eine Emigrantin, die auch das österreichische Restaurant *Window Shop* führte, einen Mittagstisch für ihn – und das in der Ecke eines tristen fensterlosen Raumes. Ich habe mich immer gewundert, dass *Grope* ausgerechnet dort zum Essen hinging. Aber sie hatte ihm am Anfang geholfen mit diversen gesellschaftlichen Kontakten, und er war ein loyaler Mensch.

V.
HAUS IN LINCOLN

Das Haus Gropius erschien mir passgenau und ideal geschnitten – wie eine sehr schöne Schatulle

Haus Gropius in Lincoln

Im Dezember 1961 kam die Einladung, *Grope* in seinem Haus in Lincoln zu besuchen – 68 Baker Bridge Road (**Abb. 26**). Da ich nicht wusste, wie ich dort hinkommen sollte, rief ich Frau Ise an und meinte, ich könnte doch den Bus oder ein Taxi nehmen. Da rief sie mit Nachdruck: „Nein, so hochgestochen sind wir hier nicht!" Ich solle mich anderen Gästen anschließen. Diese waren der damals noch unbekannte Architekt Fumihiko Maki und seine Frau aus Japan. Als ich unvermutet in deren Wohnung in Cambridge zur Mitfahrt auftauchte, schienen sie etwas überrumpelt. Normalerweise war so eine Mitfahrgelegenheit, *to get a ride,* ein ganz normaler Vorgang in den USA, auch mit völlig Unbekannten, aber Ise hatte versäumt, die beiden zu verständigen.

Abb. 26: Haus Gropius in Lincoln, Mass., Baker Bridge Road, Nordansicht, 1937/38

Das Haus Gropius erschien mir passgenau und ideal geschnitten – wie eine sehr schöne Schatulle (**Abb. 27**) oder wie ein perfekt sitzender Handschuh. Die Erdgeschossräume – Wohnzimmer (**Abb. 28**), Essnische, Küche sowie das durch Glasbausteine abgeteilte Arbeitszimmer (**Abb. 29**) – lagen sehr praktisch und dicht nebeneinander, waren nicht groß und wirkten doch dank bodentiefer

Abb. 27: Haus Gropius, Lincoln, Mass., Grundriss Erdgeschoss, 1938

Abb. 28: Haus Gropius, Lincoln, Mass., Wohnzimmer, 1938

Abb. 29: Haus Gropius, Lincoln, Mass., Arbeitszimmer, 1938

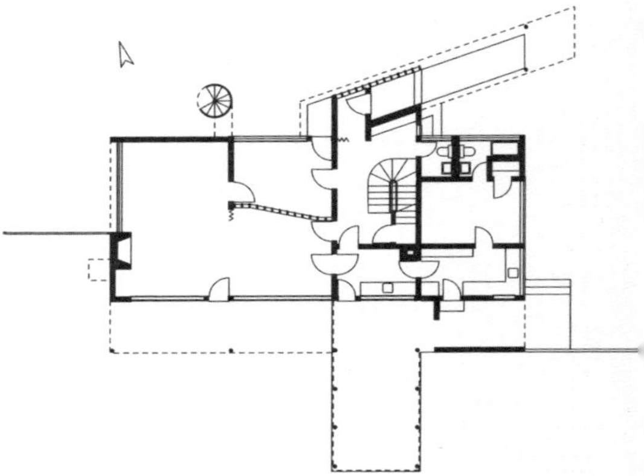

Abb. 27

Abb. 28

Abb. 29

Fenster geräumig. Und hier war auch nichts mehr vom Grau zu spüren – die Teppiche waren bunt! Wir saßen erst für *drinks* im Wohnzimmer, das mit Bauhaus-Sesseln bestückt war. Alles wirkte durchlässig und angenehm schwerelos, die Stühle konnte man mit einem Finger heben und herumschieben. Die Wände zu Flur und Küche erschienen mir extrem dünn, wie eingestellte Paneele. Das Esszimmer war maßgeschneidert, nicht mehr als eine offene Nische zum Wohnzimmer, wirkte aber viel größer durch den freien Blick in den Garten.

Als es hinüber zum Essen ging, packte *Grope* schwungvoll einen Stahlrohrsessel und trug ihn hoch über dem Kopf wie eine Trophäe zum Esstisch. Dabei blitzte er mich herausfordernd an, wie ein Schelm, so als hätte er gerade Großes vollbracht. Der Sessel war ja nicht schwer, aber hinter der sieghaften Geste stand doch wohl eine Absicht. Beim Essen zeigte er auf die Zimmerdecke und erklärte mir eine winzige Punktleuchte, die, kaum sichtbar, fast wie eine Lupe aus dem Optikergeschäft aussah (**Abb. 30**). Er hatte den eigentlichen Leuchtkörper tief hinter der Decke zwischen die hölzernen *joists* (Balken) einbauen lassen. Die Lampe war so eingestellt, dass sie genau die kreisrunde Tischplatte ausleuchtete (**Abb. 31**), ohne zu blenden. Aber weil sie viel Wärme abgab, hatte er sich auch eine versteckte Ventilatorlüftung ausgedacht, die man nur am offenen Spalt um die Lupe herum erkennen konnte: Das war Feinmechanik und Bauhandwerk in neuer Einheit!

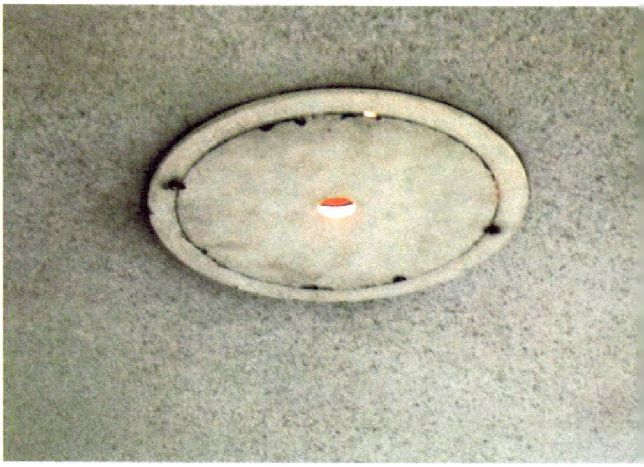

Abb. 30: Haus Gropius, Lincoln, Mass.: Punktleuchte über dem Esstisch, heutiger Zustand. 1962 war die Abdeckscheibe noch deckenbündig vertieft eingesetzt, sodass man nur das Loch der Leuchte sah

Abb. 31: Haus Gropius, Lincoln, Mass., runder Esstisch im Lichtkegel der Punktleuchte, 1938

Die Unterhaltung beim Essen überließ *Grope* weitgehend seiner Frau Ise. Sie begann ausgiebig von der mehrwöchigen Japanreise zu erzählen, die beide 1954 unternommen hatten und von der sie tief beeindruckt zurückgekehrt waren. Ise sprach voller Begeisterung von den abgebissenen Obstschalen, die eine japanische Tischnachbarin bei einem Dinner sorgfältig um den Rand ihres Tellers drapiert hatte – „wie eine einzige große Blume!" – und so weiter, und so weiter. Kurz, es war der reinste *chit-chat. Grope* aber blieb schweigsam, warf Ise nur ab und zu einen gütigen Blick zu.

Abb. 32: Haus Gropius, Lincoln, Mass., „porch", 1938

In ihren Erzählungen ging es immer wieder auch um Architektur, doch schließlich nahm Gropius seine Ise bei der Hand und sagte leise auf Deutsch zu ihr: „Also, Isi, jetzt wollen wir das Thema doch einmal wechseln." Dann begann er, von seiner wunderbaren Zeit bei den Husaren im Ersten Weltkrieg zu erzählen; wie sich bei Regen der Staub in ihren schönen Bärenfellmützen zu Schlamm verwandelte und immer dann, wenn sie in ein Dorf kamen und die Mädchen beeindrucken wollten, in dunklen Striemen über Gesicht und Kragen gelaufen war.

Ich wurde zunehmend ungeduldiger und wartete auf den Moment, wo *Grope* endlich von der großen Zeit am Bauhaus, von all den wunderbaren Ideen, Persönlichkeiten und Künstlerträumen jener Jahre erzählen würde. Aber nein, es kam nichts dergleichen – das Bauhaus lag hinter ihm. Um danach zu fragen, war ich etwas befangen, weil ich ja bei TAC arbeitete und eigentlich schon zu lange in

Abb. 33: Haus Gropius, Lincoln, Mass., Ise Gropius auf der halb offenen Terrasse im Obergeschoss, 1938

dem Büro war, um nicht zu wissen, dass das Bauhaus bei TAC kein Thema war: Alle Energien waren auf die Gegenwart gerichtet.

Damit war ich wieder allein beim Blick hinauf zur Decke, auf die raffinierte Lampe, und bewunderte, wie zwanglos selbstverständlich das Esszimmer auf die überdachte Terrasse, den *porch*, überging (**Abb. 32**). Alles war wie im Lehrbuch der Moderne – strikt nach Neufert[25] – und doch ganz stofflich direkt, ungezwungen und lebensnah. Der Boden aus großen gezackten Natursteinplatten (*flagstones*), der ungehinderte Blick in den blühenden Garten, die Weite ohne jede Störung durch etwaige Nachbarhäuser schlossen sich zu einem Bild großer Ruhe und Gelassenheit (**Abb. 33**). Das ganze Haus strahlte gelebte Moderne aus!

Ich malte mir aus, wie Gropius 1937/38 als erstes dieses Haus in Lincoln für sich und seine Familie erbaut hatte, noch bevor er die Leitung der GSD übernahm und 1945 TAC gründete; ich überlegte, wie er sich in die ortsübliche *balloon frame* Holzbauweise hatte einarbeiten müssen und doch ein Haus schuf, das gar nicht wie ein Holzhaus, sondern wie ein abstraktes Modell der Zukunft aussah. Das ganze Haus schien zu funktionieren wie ein Uhrwerk. Oder, in den Worten von Nancy Curtis: „Die Tatsache, dass das Haus noch immer wie eine ‚gut geölte Maschine' wirkt, ein halbes Jahrhundert später, ist ein Tribut an die sorgfältige Planung, die in diesen Entwurf einging."[26] Nach ihrem Urteil verkörpert das Haus, welches die Vernunft in reiner Form ausdrücken soll, ebensosehr die reine Poesie.[27]

Zum Abschied schenkte mir Ise zwei Fotos von Gropius aus dem Ersten Weltkrieg beziehungsweise aus der Zeit davor: Das erste zeigt ihn bei einer Truppenparade im September 1915 in Frankreich, nachdem ihm das Eiserne Kreuz erster Klasse verliehen worden war (**Abb. 34**). Das zweite zeigt ihn in der prachtvollen Uniform, die er 1904 als Kadett im 15. Husarenregiment in Wandsbeck getragen hatte (**Abb. 35**). Ebendiese Uniform hatte Gropius nach Kriegsende dem Bau-

Abb. 34: Walter Gropius (in der Bildmitte) nach der Verleihung des Eisernen Kreuzes erster Klasse in Frankreich, 1914/1915

haus-Theaterfundus in Weimar übergeben, da er sie nun gewiss nicht mehr tragen würde und sie für die Bauhausfeste sehr viel nützlicher sein würde.[28] Dabei hatte ihn die maßgeschneiderte Uniform seinerzeit viel Geld gekostet.

Erst nach diesem Besuch machte ich mich genauer mit der ungewöhnlichen Entstehungsgeschichte des Hauses in Lincoln vertraut: Eine reiche Landbesitzerin, Mrs. Helen Storrow, hatte Gropius, dem gerade gelandeten Emigranten, 1937 das Grundstück mit 5 ½ *acre* Land geschenkt und obendrein noch das Kapital für den Hausbau dazugegeben. Es waren 18.000 Dollar, die er später in großzügigen Raten abstottern durfte. Sie war eine fortschrittliche, sozial engagierte Frau und wollte sehen, was der berühmte Architekt in der neuen Heimat leisten konnte. Wie Gropius an Wells Coates schrieb, war es das zweite Mal in seinem Leben, dass ihm die glückliche Gelegenheit zum eigenen Hausbau geboten wurde (nach dem ersten in Dessau), ohne das Kapital dafür aufbringen zu müssen.[29] Das Grundstück für den Glückspilz war ursprünglich ein Apfelgarten auf einer Kuppe in teils offener, teils bewaldeter Landschaft. Dieselbe Mäzenin hat dann noch das Nachbargrundstück an Marcel Breuer (1902–1981) gegeben, der zur ersten Studentengeneration am Weimarer Bauhaus gehört hatte und mit dem Gropius 1938 eine Bürogemeinschaft bildete.

Abb. 35: Walter Gropius als Kadett im Husaren-Regiment 15, Wandsbek, Hamburg, beim Militärdienst 1904/05

Die Planung für den Hausbau hatte schon 1937 begonnen, und zwar als Familienunternehmung, indem sich alle drei künftigen Bewohner – Walter, Ise und die Adoptivtochter Ati (1926–2014) – zusammengesetzt und intensiv beraten hatten, wie denn nun das zukünftige Haus konzipiert werden sollte. Dabei hatte sich die damals 12-jährige Ati ausbedungen, für ihr Zimmer im Obergeschoss einen getrennten Zugang, unabhängig von den Eltern, zu bekommen.[30] Daraus wurde dann die auffällige stählerne Wendeltreppe auf der Nordseite (**Abb. 36**). Auch war der elterliche Schlaftrakt im Obergeschoss durch den Flur vom Zimmer der Tochter klar getrennt. Im Erdgeschoss gab es hinter der Küche eine Einliegerwohnung für das Hausmeisterehepaar. Insgesamt gewinnt man den Eindruck eines perfekten Mikrokosmos, gerade auch im sozialen Zusammenleben.

Der Hausbau hatte im März 1938 begonnen und war schon im Herbst vollendet. So bezogen Walter und Ise ein neues Haus, das sie bis zum Lebensende bewohnen sollten. Wie erzählt wird, führte eindeutig Ise das Regiment im Haus, entwickelte einen besonderen *green thumb* in der Pflege von Blumen und Garten und hatte sogar eine Voliere bauen lassen, wo sie die Vögel der Umgebung aufnehmen und beobachten konnte. Gropius soll zu Hause meist sehr still gesessen sein, habe seine reichhaltige Bibliothek studiert, Gedichte gelesen, Musik gehört, soll eine Art Rückzugsexistenz auf die europäische Kultur geführt haben.[31] Er hatte ein Pferd im Stall eines benachbarten Bauern untergestellt und ist täglich ausgeritten, noch bis ins hohe Alter.

Abb. 36: Haus Gropius, Lincoln, Mass., Atis Wendeltreppe, Nordfassade, 1938

Nach seinem Tod wurde das Haus, schon 1974, in die Liste denkmalwürdiger Objekte der Society for the Preservation of New England Antiquities (SPNEA) aufgenommen, dann 1979 samt allem Hausrat erworben; heute steht es Besuchern offen als *National Historic Site* und Museum. Wie Nancy Curtis schreibt, hatte Gropius mit Rücksicht auf die regionaltypische Tradition die Materialien und Formen Neuenglands gewählt: Weiß gestrichenes Holz, Kamin aus Ziegeln, *screened porch* und Grund- beziehungsweise Stützmauern aus Feldsteinen.[32]

Abb. 37: Haus Gropius, Lincoln, Mass., Feldsteinsockel, 1938

Gerade der rustikale Feldsteinsockel anstelle von Beton unter der Holzkonstruktion (**Abb. 37**) verweist auf den ländlichen Standort. Dagegen sprechen der asymmetrische Grundriss, der abgewinkelte Zugang, das Flachdach, das obere Sonnendeck, die langgestreckten Fensterbänder, das großflächige Glas, die industriellen Materialien wie Stahlstützen, Wendeltreppe und Glasbausteine eindeutig für die internationale Moderne (**Abb. 38**). Ebensogut kann man aber auch, wie Gilbert Lupfer und Paul Sigel, von einem „modernen Regionalismus" sprechen.[33]

Abb. 38: Haus Gropius, Lincoln, Mass., Eingangsvordach, 1938

Gropius selbst schrieb über sein Haus in Lincoln: „Aus meiner eigenen Erfahrung kann ich sagen, daß ich es mir beim Bau meines ersten Hauses in den Vereinigten Staaten – es war mein eigenes – zur Aufgabe machte, Charakteristiken der architektonischen Tradition Neuenglands, die ich als noch lebendig und adäquat empfand, meiner persönlichen Konzeption einzuverleiben. Diese Verschmelzung des genius loci mit meiner modernen Bauauffassung ließ ein Haus entstehen, das ich in Europa mit seinen klimatisch, technisch und psychologisch völlig andersartigen Bedingungen niemals so gebaut haben würde. Ich versuchte, das Problem in gleicher Weise anzugehen, wie die früheren Baumeister dieser Gegend, die mit den besten technischen Möglichkeiten, die ihnen zur Verfügung standen, schlichte, klargegliederte Gebäude errichteten, die den Unbilden der Witterung standhielten und den Lebensgewohnheiten der Zeit entsprachen."[34]

So drehte er beispielsweise die landesübliche Verbretterung *(ship-lap siding)* der Fassade einfach in die Vertikale, in Form einer senkrechten Nut-und-Feder-Schalung, was den Regen leichter abfließen ließ und der Außenhaut ohne Mehrkosten eine elegant-industrielle Anmutung verpasste.

Trotz dieser Glanzleistung und trotz ähnlich qualitätvoller Wohnhäuser von Marcel Breuer, Philipp Johnson (1906–2005) und anderer Architekten der zweiten Generation, hat die Moderne auf den landläufigen Hausbau Nordamerikas erstaunlich wenig bleibenden Einfluss gehabt (**Abb. 39**). Die Verkaufskataloge kommerzieller *home builders* folgen in der großen Mehrheit bis heute einem banalisierten Kolonialstil – mit jenen Absonderlichkeiten, die anscheinend unausrottbar sind: Schwundstufen von Fensterläden aus Styropor, die nichts mit der

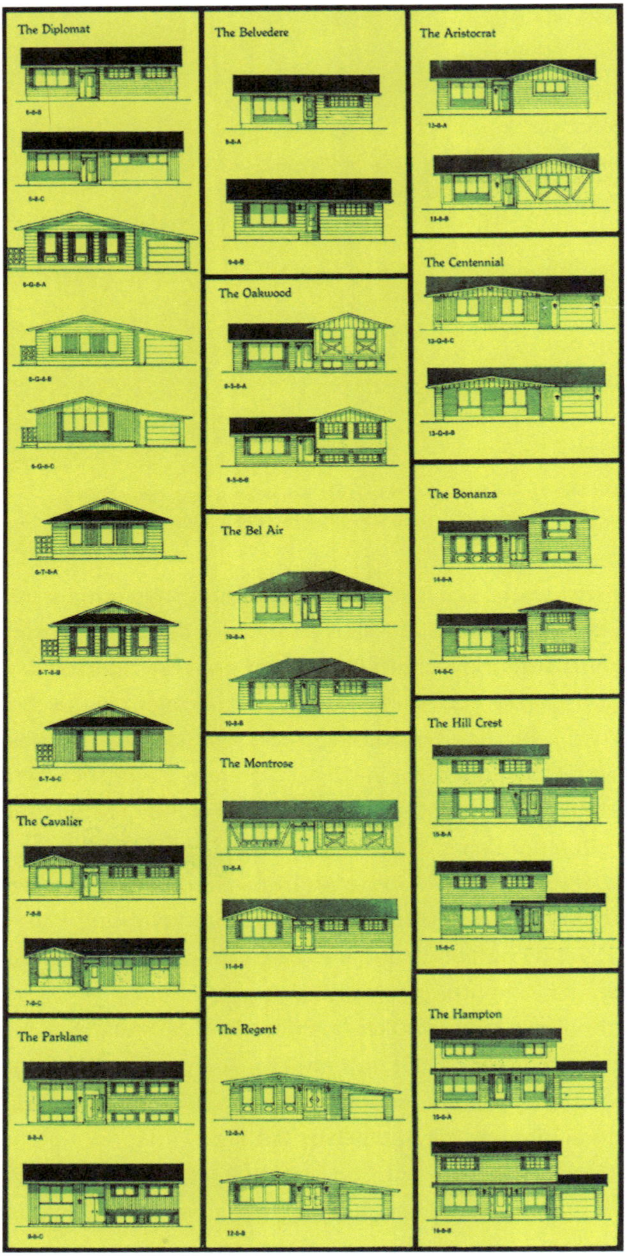

Abb. 39: Das Kontrastprogramm: Ein aktueller Verkaufskatalog landläufiger Einfamilienhäuser bietet immer noch ein Bild erschreckender Ödnis, worüber statusverheißende Namen nicht hinwegtrösten. Beginnend mit dem eingeschossigen „Diplomat", „Belvedere" oder „Aristocrat" reicht das Angebot über den Split-Level „Oakwood" oder „Bonanza" bis zum zweigeschossigen „Hillcrest" oder „Hampton"

Breite der Fenster zu tun haben, überhaupt nicht funktionsfähig sind, sondern als reine Attrappen und Dekorstücke neben die Fenster geklebt werden. Sie sind nur ein Beispiel dafür, dass falscher Schein wichtiger ist als Funktion. Das heißt, gerade vom privaten Bereich des Eigenheimbaus hat sich die amerikanische Moderne weitgehend abgekoppelt zugunsten öffentlicher Bauaufgaben.

Die Moderne im Hausbau?

Uns jüngere TAC-Mitarbeiter beschäftigte die Frage, wie man die klassische Moderne noch weiterentwickeln könnte, das heißt wie man ihr im ganz normalen Hausbau mehr Akzeptanz verschaffen könnte. Denn ihre sprichwörtliche Kargheit war ja nicht zu übersehen – das irgendwie „Verhungerte" der Formensprache, wie es ein Münchener Kommilitone ausgedrückt hatte und wie es der sogenannte gemeine Mann vielfach empfand, gerade auch in den USA. Es war wohl kein Zufall, dass sich TAC – trotz Lincoln – mit dem Bau von Einfamilienhäusern weitgehend zurückhielt. Währenddessen wuchs in Europa mit dem Wohn- und Städtebau der 1960er Jahre, bei aller Aufbruchsstimmung, das Gefühl der „Unbehaustseins" in den Großsiedlungen der Nachkriegsmoderne.

Der damals aufstrebende Ostküstenstar Paul Rudolph schien einen neuen Weg zu weisen, der aber bald ins Oberflächliche, ja Kunstgewerbliche abglitt, in eine Art moderner Folklore: Im Rückblick erweist sich sein Werk als eine Vorstufe der unseligen Postmoderne: Sie war uns bald mit ihren oft hilflosen Zitaten aus einer halbverstandenen Baugeschichte eher peinlich. Derweil hatte unser *Grope* nur verhaltene, eher ausweichende, ins Philosophische gehende Antworten auf solche Fragen nach einer weiterzuentwickelnden Moderne.

Und unser neuer Lehrer an der GSD – der gebürtige Katalane José Luis Sert – sprach gerne von einer *new richness in architecture;* er versuchte – nicht ohne Erfolg und durchaus funktional begründet – ein reicheres Formenspiel in seinen Wohnbauten zu finden. Einmal benutzte er, der 1940 in Paris bei Le Corbusier die deutsche Besatzung erlebt hatte, mit einigem Abscheu das Wort „Existenzminimum", mit dem ihn deutsche Delegierte eines CIAM-Kongresses traktiert hätten. Für seine mediterrane Welt war dogmatische Kargheit kein Vorbild. Dennoch blieb er dem Menschen Gropius zeitlebens eng verbunden, der zu einer Art Übervater jener Folgegeneration geworden war.

VI.
TAC-PROJEKTE

Im Übrigen mussten in allen TAC-Bauten die zwischen die Stützen eingestellten Ziegelwände immer aus Vollziegeln (Klinkern) aufgemauert sein, durften also keineswegs aus aufgeklebten Riemchen bestehen, die nur einen Zentimeter stark und als Imitate viel billiger waren.

Abb. 40: Harvard Graduate Center, Cambridge, Mass., 1949

Abb. 41: Harvard Yard, ganz oben links: Graduate Center

Harvard Graduate Center

Zurück in Cambridge hatte ich täglich Gelegenheit, das wunderbar stimmige Harvard Graduate Center (1948–50) zu erleben (**Abb. 40**). Gropius und TAC hatten es als ihr erstes größeres Projekt erbaut. Es war ein ganzer Komplex von untereinander verbundenen Wohnheimen mit Gemeinschaftsräumen, genannt *dormitories*. Dabei wurden die Baukörper um Grünflächen so zu Höfen gruppiert, dass sie wie eine völlig natürliche Erweiterung der historischen Hofstruktur von *Harvard Yard* erschienen[35] (**Abb. 41**). Die Anlage wurde von der

Abb. 42: *Mural* von Joan Miró, Harvard Graduate Center, 1949

Presse rasch als eine Ikone des modernen Bauens in USA verstanden und damit als entschiedene Abkehr von harvardianischer „Gotik". Gropius selbst befeuerte die Debatte mit den Worten: „If the college is to be the cultural breeding ground for the coming generation, its attitude should be creative, not imitative."[36] Und im *New York Times Magazine* erschien sein Beitrag unter dem Titel *Not Gothic But Modern For Our Colleges*.[37]

In diesem Sinne hatte er seinen Freunden aus Bauhaus-Tagen die künstlerische Ausgestaltung der Gemeinschaftsräume vermittelt: Joan Miró (1893–1983) (**Abb. 42**), Josef Albers (1888–1976) (**Abb. 43**), Hans Arp (1886–1966) und Herbert Bayer (1900–1985) wurden mit Werken für dasselbe Gebäude beauftragt. Die lange, in sich selbst zurückkehrende Rampe vor der Reliefwand begleitete die Kunstwerke und nahm wie selbstverständlich die Schlange der Hungrigen auf dem Weg zur Mensa auf. Oben wachte eine eher strenge italienische Köchin über die Essensausgabe – aber an dem Tag, als nach langer Nacht endlich John F. Kennedy zum Präsidenten gewählt worden war, rief sie freudestrahlend „Today is victory day!" und gab uns extragroße Portionen.

Abb. 43: Wandrelief von Josef Albers, Harvard Graduate Center, 1949

Runde Ecken

Gropius konnte durchaus autoritär sein, wenn er von einer Sache überzeugt war. Das erlebte ich einmal beim *jour fixe*, als die Partner, wie jeden Donnerstag, zum gemeinsamen Mittagsessen zusammenkamen und sich gegenseitig ihre Projekte vorstellten. Das war immer ein Höhepunkt der Woche, zu dem wir noch schnell letzte Skizzen *in charette* anfertigten und wo es dann gelegentlich hitzig zuging. Es war praktisch die einzige Gelegenheit unter der Woche, zu der sich alle Partner aus den verschiedenen Häusern treffen und austauschen konnten: Nur dann konnte man wirklich von einer Teamarbeit, einem echten *collaborative* sprechen.

Als Ben Thompson (der intern als *design eminence* galt) beim Essen – wie mir schien, zum wiederholten Mal – die Frage aufwarf, ob man auf die *rounded corners* am Boston Federal Office Building (1961–66) nicht doch verzichten könnte, weil sie sehr, sehr teuer würden, wurde *Grope* unwirsch und rief „But I want the corners to be r o u n d !", und nach einer Kunstpause, fast grollend: „I have said this many times!" (**Abb. 44**). Da wirkte er wie ein deutscher Schulmeister, und es war nichts zu machen.

Abb. 45: Boston Federal Office Building. Ganz rechts: runde Ecke am historischen Nachbargebäude, Boston, 1969

Abb. 46: Dieselbe Ecke heute: Der Teekessel (in Erinnerung an die Boston Tea Party) hängt noch vor der vorhandenen runden Ecke – aber der Sichtbezug zum FOB ist durch das Glasgehäuse des neuen U-Bahn-Eingangs unterbrochen

Erst später sah ich bei einem Besuch des Bauplatzes, dass ganz in der Nähe ein historischer Bau aus den 1930er Jahren stand – mit ebensolchen elegant gerundeten Eckfenstern, wenn auch einfach verglast (**Abb. 45, 46**). Offenbar wollte Gropius hier einen Ortsbezug herstellen. Vor allem aber hatte er die Erfahrung seiner frühen Jahre mit der rundverglasten Eckausbildung verinnerlicht: Schon das Bürogebäude der Kölner Werkbundausstellung von 1914 (**Abb. 47**) und das Haus Ben Levy in London Chelsea von 1935/36 (zusammen mit Maxwell Frey) hatten ja diese Fertigkeit eindrucksvoll bewiesen (**Abb. 48**).

Das FOB-Projekt war eine Gemeinschaftsarbeit von TAC und Samuel Glaser Architects. Sam Glaser hatte gute Verbindungen nach Boston und zur General Services Administration, dem Bauherrn in Washington D. C., galt aber eher als „Kommerzarchitekt". Der Entwurf sah ein 26-stöckiges Hochhaus aus zwei ge-

Abb. 44: Boston Federal Office Building mit runder Ecke, 1964

Abb. 47: Werkbund-Ausstellung Köln, Bürogebäude. Gropius mit Adolf Meyer, 1914

Abb. 48: Haus Ben Levy, London-Chelsea, Old Church Street, Gropius mit Maxwell Frey, 1935/36

geneinander verschobenen Scheiben vor, nach dem Vorbild des Thyssen-Hochhauses in Düsseldorf. Diese Anordnung machte es möglich, dass die meisten Büroräume Tageslicht erhielten. Aber eben dadurch gab es auf jedem Geschoss nicht vier, sondern acht Außenecken, die sich über 26 Stockwerke auf nicht weniger als 208 runde Ecken vervielfachten. Dazu kamen weitere 16 runde Ecken für den vorgelagerten viergeschossigen Flachbau. Weil die Eckfenster in einem Stück als gekrümmte Thermopan-Scheiben mit Isolierglas ausgeführt werden sollten, wurde die Sache sehr teuer. Dabei war gerade diese Eckausbildung in Boston ein Fortschritt gegenüber derjenigen beim Pan-Am-Gebäude: Letztere bestand aus zwei unabhängigen Fassadenscheiben, die an der Ecke unvermittelt aufeinanderstießen und dort nur einen schmalen, etwas verlegen wirkenden Spalt frei ließen (**Abb. 49**).

Dagegen führte die Bostoner Ecke die Fassaden schwungvoll und ohne Unterbrechung um die Ecke, sodass beide wie Teile eines Ganzen wirkten. Der harmonisierende Effekt ist in den Abbildungen gut zu erkennen. Im Übrigen wären die Baukosten eigentlich kein Argument dagegen gewesen, denn die General

Abb. 49: Pan-Am-Gebäude, New York, Eckausbildung im Sockelgebäude, 1963

Services Administration in Washington stand als Bundesbehörde in dem Ruf, alle ihre Bauten mit äußerster Sorgfalt und teuren Materialien zu errichten. Das sei, wie mir Glasers *job captain* erzählte, ein Erbe der *Great Depression* der 1920er Jahre, als man mit dem *New Deal* unter Präsident Franklin D. Roosevelt (1882–1945) bestrebt war, möglichst viele Menschen durch den Bau möglichst solider Bauten möglichst lange in Lohn und Brot zu halten. Deshalb sei auch das dicke Buch der *Government Specifications* so eine Art Bibel dafür, wie man eigentlich auf solide Weise bauen müsste, auch heute noch. Er hatte großen Respekt vor diesem Kompendium.

Das nahm ich mir zu Herzen, indem ich die folgenden Wochen, ja Monate mit den Werkplänen allein für die großen Drehtüren der Eingangshalle zubrachte – ohne jede Störung. Es ging so weit, dass ich die schon fertig gezeichneten Konstruktionsdetails wieder wegradierte, nur weil sie in der Gesamtkomposition auf dem großen Blatt noch nicht an der richtigen Stelle zu sitzen

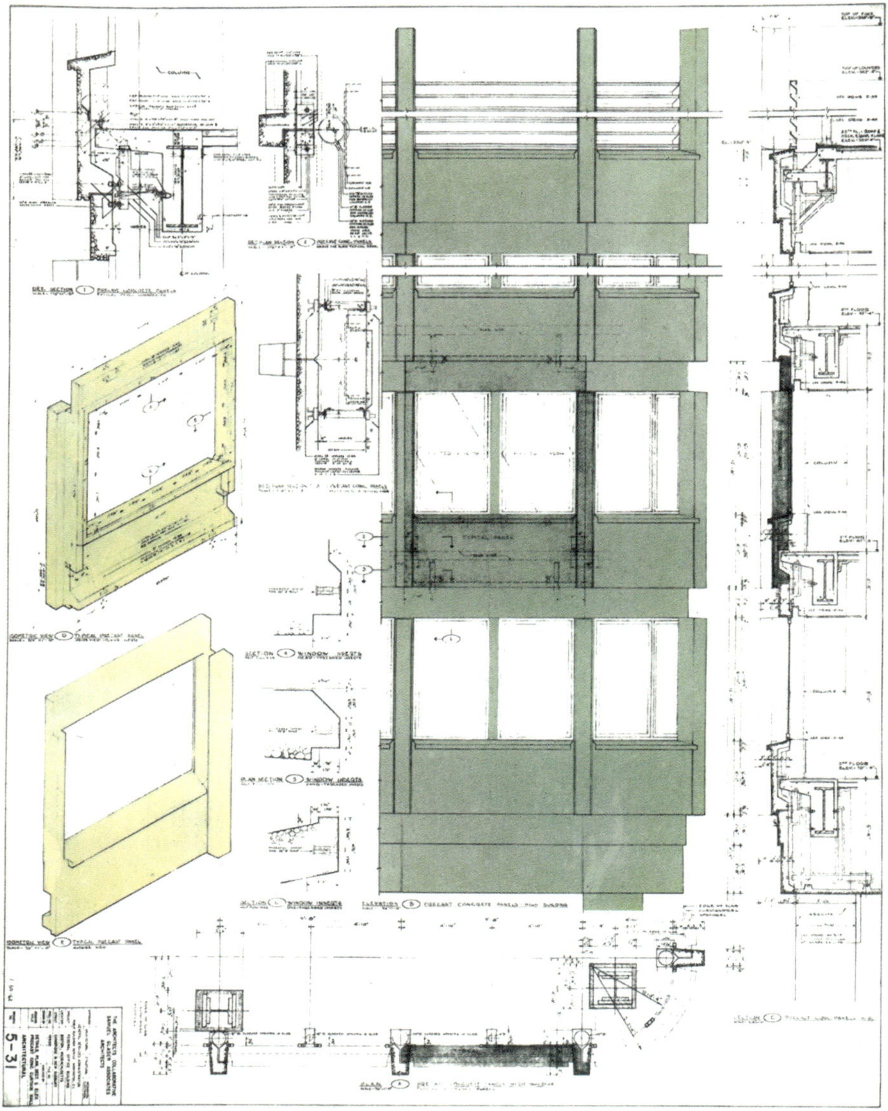

Abb. 50: Boston Federal Office Building, Details der vorgefertigten Fassadenelemente, 1962

schienen, und ich sie dann nochmal neu zeichnete – in einem, wie ich meinte, besseren „didaktischen" Zusammenhang. Während die üblichen sogenannten *shop-drawings*, welche die Hersteller routinemäßig mitliefern, meist sehr karg und öde aussehen, wollte ich sie so darstellen und zum Leben erwecken, dass auch der Laie alle Details einer modernen Drehtüranlage verstehen sollte. Die Begleittexte auf demselben Blatt wurden dementsprechend immer länger, bis sie Beipackzetteln aus der Apotheke glichen. So lernte ich alles über den Mechanismus von Drehtüren, hatte aber leise Zweifel, ob die Pläne jemals wirklich angesehen würden, weil die Hersteller das ohnehin schon alles kannten. Die einfachen Maße – Höhe und Breite – hätten auch genügt.

Abb. 51: Kallmann & McKinnell, Boston City Hall, 1963-68, Zustand 2010

Der Bau, der später in John F. Kennedy Federal Building umbenannt wurde, war eine Stahlkonstruktion, der vorgefertigte Betonelemente, bestehend aus je einem großen Rahmen, vorgehängt wurden (**Abb. 50**). Jeder Rahmen war bereits samt vertikalen *fins* (Flossen) und Brüstung in einem Stück und weiß-gelbem Farbton gegossen. Das bildete neben dem neuen Bostoner Rathaus[38] in dunklem Ziegelton (**Abb. 51**) einen guten Kontrast und wurde bald zu einem weiteren *landmark of downtown*. Trotzdem war ich nie ganz zufrieden mit dem Bau: Bei der großen Höhe schienen mir die Piloti zur Aufständerung viel zu schwach und zu kurz – trotz der zweistöckigen Lobby, und der Übergang dieser Stützen zur vorstehenden Fassade wirkte unbeholfen (**Abb. 52**).

Denn zu dieser Zeit hatte mit Romaldo Giurgola (1920–2016) und Louis Kahn (1901–1974) eine neue Generation von Architekten vorgemacht, wie solche Stützen kraftvoll aus dem Boden wachsen und dabei immer in einem einzigen, ununterbrochen aufstrebendem Zug mit dem Gesamtbau verschmolzen bleiben, anstatt diesen wie auf untergeschobenen Streichhölzern aufsitzen zu lassen. – Insofern wirkte das FOB schon 1962 leicht antiquiert, bemüht und etwas zeitfremd an dieser Stelle im Stadtgefüge. Und das Dachgeschoss hätte großartige Panoramafenster auf die Hafenfront erhalten können, anstatt nur mit lauter kleinlichen Lamellen für die Klimaanlage verbarrikadiert zu werden.

Abb. 52: Boston Federal Office Building, „Schwache Beine", 1964

Die TAC-typische Formensprache

Der zentrale Beitrag von TAC zur nordamerikanischen Architektur liegt in den maßvollen, gut proportionierten Schul- und Campusbauten, die vorwiegend in Neuengland realisiert wurden. Wer zum Beispiel die Anlagen im weiteren Umkreis von Boston (Andover, Brandeis, Brookline, Deerfield, Shrewsbury, Chelmsford, Needham, Mount Kisco) gesehen hat, war berührt von der hellen Tragkonstruktion aus gehämmertem Sichtbeton und dunkelroten Ziegelwänden, dazu von der meist sehr guten Einbettung der Gesamtanlage in die Hügellandschaft Neuenglands. Das sogenannte *bush-hammering* bestand darin, dass man den Beton nach dem Ausschalen mit einem Hammer mit spitz profilierter Oberfläche, also mit einem Stockhammer, bearbeitete, wodurch die eingebetteten Kieselsteine aufgespalten und deren Bruchflächen im Sonnenlicht zum Leuchten gebracht wurden (**Abb. 53**). Manche Kritiker sprachen maliziös von „little men having to crawl all over the building". Es sei ein anachronistisches Vorgehen wie im alten Ägypten, war es doch ein Bearbeitungsprozess, der die Vorteile zeitsparender moderner Konstruktion zunichte zu machen schien. Aber das Ergebnis dieser handbearbeiteten Oberflächen konnte sich sehen lassen! Dank ihrer haptischen Qualitäten weckten sie beim Betrachter das Gefühl, dass Beton wirklich etwas mit Stein zu tun hatte, zumindest aus kleinen und kleinsten Steinen zusammengesetzt war. Man nahm dann mit einem eigentümlichen Glücksgefühl wahr, dass sich selbst moderne Bauten angenehm „körnig" anfassen ließen – fast wie die raue Haut eines großen Tieres.

Abb. 53: *bush-hammer*, ein Stockhammer zur Bearbeitung von Stein

Aber es entfielen jedesmal sehr viele Arbeitsstunden auf diese aufwendige Nachbearbeitung von Sichtbeton. Und ich machte mir Gedanken, ob hier mit der konstruktiven Ehrlichkeit vielleicht doch eine Grenze erreicht war, ob der schalungsraue Beton im Grunde nicht „aufrichtiger" war – und ob, nicht auszudenken! – im Zuge des verbissenen Gehämmeres gar bald die Armierungseisen freigelegt werden würden. Trotzdem – *bush-hammering* war in jenen Tagen zu einem weiteren Markenzeichen von TAC geworden, für das vor allem der Partner Ben Thompson einstand. Die Zeitschrift *Architectural Forum* brachte unter anderem ein Innenraumfoto zur Brandeis University, auf dem die ganze Noblesse einer solchen Betonstruktur zur Geltung kam (**Abb. 54**).

In der Würdigung einer ähnlichen Campus-Erweiterung für die Phillips Academy in Andover (Mass.) ging die Zeitschrift *Architectural Record* sogar noch einen Schritt weiter und brachte ein Detailfoto vom Dreiklang der wenigen Materialien: Unter dem Streiflicht einer einzigen Deckenlampe erscheinen Ziegelwand, Stahlrahmen und Betonstütze auf bezwingende Art stofflich greifbar. Der

Abb. 54: Brandeis University, Waltham, Mass.: zentrale Halle im Olin-Sang American Civilization Center. Aus der Baubeschreibung: „The elegance of the building comes, as elegance usually does, from attention to details, but most particularly in this case to the design of the reinforced concrete structure and the composition of the concrete itself. The mix is a very dense one, and the sand and aggregate were carefully selected for color and texture to produce a pronounced stony finish. All exposed surfaces were bush-hammered; to make continuous surfaces for the hammering, all edges and corners are rounded".

Bildkommentar – „exterior detail shows careful coordination of wall and window with waffle module" – reduziert das Erreichte sprachlich noch weiter auf die äußere Erscheinung hin, wo es doch um eine innere Haltung geht. Natürlich gehörte Materialgerechtigkeit seit je zum Wesenskern der Moderne, doch benutzte Gropius den Begriff kaum noch in seiner Spätzeit bei TAC. Wir verbanden die Vorstellungen von Echtheit, Ehrlichkeit und bewusster Reduktion wie selbstverständlich mit dem verwendeten Material.

Im Textteil zum Science Center in Andover geht Mildred F. Schmertz sachkundig auf die Genese der spezifischen Formensprache von Ben Thompson ein: Letztere ergab sich aus einer schrittweisen, insgesamt sechsjährigen Annäherung an den Bestand und die Neuplanung des alten Campus:

„Der Thompson-Stil begann sich zu kristallisieren in der kleinen Erweiterung der Oliver-Wendell-Homes-Bibliothek. Hier begann er erstmalig mit einem konstruktiven Vokabular aus Stahlbeton zu arbeiten, das zum Modell für das Olin-Sang Academic Quadrangle der Universität Brandeis (...) und zum Science Center in Andover wurde. Die Elemente dieser Formensprache sind nicht neu; Thompsons Verdienst liegt in der Art, wie er sie einsetzt. Im Grunde beruht sein System auf dem Gebrauch einer kreuzweise armierten Waffeleisen-Platte für Decken und Dach, wobei die Kassetten an der Unterseite offen bleiben. (...) Die festen Metallpfannen dieses Systems waren in Boston schon vor ca. 30 Jahren erfunden und patentiert worden. Es ist die ökonomischste Methode betonierter Deckenkonstruktion, hat bessere akustische Eigenschaften als die Flachdecke, wird aber allgemein mit abgehängter Unterdecke benutzt. Thompson war nicht der erste, der die Kassette ihrer ästhetischen Wirkung zuliebe offenlegte, aber er war der erste, der die Kassettenmodule so im Verhältnis zu den anderen Elementen von Plan und Struktur zusammenzufügte und detaillierte, dass ein System von großer Schönheit und Klarheit entstanden ist."[39]

Wie Schmertz eingangs in ihrem Artikel ausführt, braucht es großes Talent und die Bescheidenheit, sich in einen Ort wirklich einzufühlen, um Neubauten passend in eine neogeorgianische Umgebung einzubetten. Ja, Ben Thompson sah hier seine ausdrückliche Hoffnung erfüllt, dass alles, was auf dem 183 Jahre alten Campus der Phillips Academy in Andover schon vorhanden war, jetzt nur noch kostbarer aussah. Es war das bewährte Wechselspiel von Wirkungssteigerung durch Gegensatz.

Im Übrigen mussten in allen TAC-Bauten die zwischen die Stützen eingestellten Ziegelwände immer aus Vollziegeln (Klinkern) aufgemauert sein, durften also keineswegs aus aufgeklebten Riemchen bestehen, die nur einen Zentimeter stark und als Imitate viel billiger waren. Insofern bestand TAC prinzipiell auf Materialgerechtigkeit und damit auf einer „natürlichen" Gesamterscheinung. In gleicher Weise durften die Decken nicht verkleidet oder abgehängt sein, sondern sollten die Tragstruktur offen zeigen. Das waren in der Regel die Kassettendecken obiger Bauart, drei Fuß im Quadrat je Kassette, 14 Inch tief mit nur sieben Inch Beton darüber und somit gewichtsparend; mit den leicht entfernbaren Metallschalungskörpern (*metal coffers)* konnten sie in Ortbeton gegossen werden. Ein weiterer Vorteil bestand darin, dass sich die Kassettendecken an jeder beliebigen Stelle für Oberlichter durchbrechen ließen. Dabei kam es auf sorgfältige Schalungsarbeit an, wobei auch schon die Dosen für die Deckenlampen berücksichtigt werden mussten. Das ergab eine Decke, der man ihre Tragfunktion sogleich ansah und die eine kraftvoll gemusterte Struktur über alle Innenräume legte. Dies verlangte wiederum, dass sich auch die inneren Trennwände diesem Kassettenmuster fügen mussten: Erst so konnte der jeweilige Raum wie ein Ganzes wirken. Was im Ergebnis so einfach aussah, wurde erkauft durch intensive Detail- und Konstruktionsarbeit. Dabei nahm man bewusst einen Nachteil dieser Bauweise in Kauf, dass nämlich die Zu- und Abluftkanäle für die Klimaanlage nicht mehr kostengünstig hinter einer abgehängten Decke versteckt werden konnten, sondern etwas umständlich aus dem Keller nach oben geführt werden mussten. Doch das erreichte Erscheinungsbild der Innenräume machte die Mehrkosten wett – und die TAC-Bauten ausgesprochen fotogen!

Im Folgenden werden einige Projekte angeführt – ohne Anspruch auf Vollständigkeit –, die stellvertretend den erreichten Qualitätsstandard belegen. Sie alle entstammen der produktiven Zeit der 1960er Jahre, als wir noch getrennt in drei verschiedenen Häusern arbeiteten und uns selbstbewusst um die jeweiligen Partnerpersönlichkeiten scharten: *Bensville* stand für Ben Thompson in 1 Story Street, *Chiptown* für Chip Harkness in Mt Auburn Street etc. Für Außenstehende nicht unbedingt erkennbar gab es bei den Projekten so etwas wie eine Aura, eine spezifische Stimmung, die mit dem Flair der unterschiedlichen Arbeitsstätten zu tun hatte und natürlich auch damit, wie sich die Partner – offiziell *Principals-in-Charge* genannt – jeweils gaben und uns gewähren ließen.

Chase Manhattan Branch Bank in Great Neck, N.Y.

Die TAC-typische Formensprache kam gut zur Geltung in einer Reihe kleinerer Projekte wie zum Beispiel in den Bankfilialen der Chase Manhattan Bank. In Great Neck im Nassau County begann sie frühzeitig nach einem Prototyp für ihre regionalen beziehungsweise vorstädtischen Standorte zu suchen. Der Musterbau sollte das Image eines modernen Geldinstituts ausstrahlen, das bereits ein wachsendes Ansehen als Förderer bester moderner Architektur genoss. Nach Prüfung der Entwürfe von acht verschiedenen Büros entschied sich die Bank für TAC wegen der einfachen, aber klaren und markanten Gestaltung. Hier war es wieder Ben Thompson, der in Sprache und Bauweise den richtigen Ton fand mit den Worten: „Banken sollten dahin zurückkehren, wieder wie Banken auszusehen und zu funktionieren, anstatt wie Supermärkte oder Schuhsalons."[40] Ein maßgeblicher Mitarbeiter an diesem Prototyp, der deutschstämmige Paul Dietrich, verließ TAC später (wie zuvor schon Ben selbst) und wurde Mitbegründer des jungen Büros Cambridge Seven Associates (C7A). TAC war unter der Hand zu einer Schulungsstätte für aufstrebende Talente geworden.

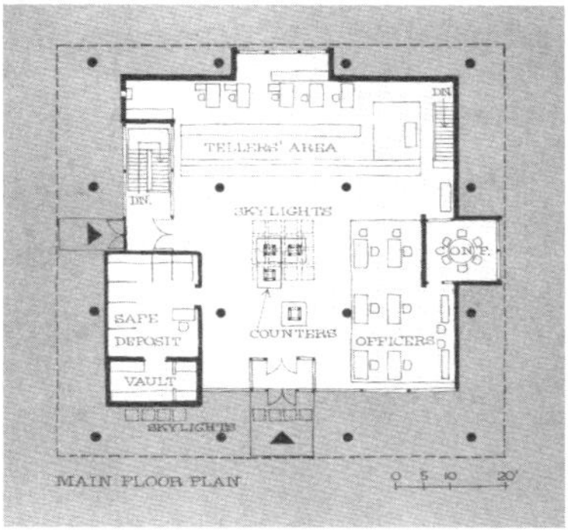

Abb. 55: Chase Manhatten Branch Bank, Great Neck, N.Y., Grundriss, 1962

Abb. 56: Chase Manhatten Branch Bank, Great Neck, N.Y., Innenansicht, 1962

Die Solidität der Betonkonstruktion sollte die Maxime vermitteln, dass Geld ein ernstes Geschäft ist und das anvertraute Kundengeld entsprechend behandelt wird. Aber TAC war auch bewusst, dass die Bank ebenso sehr ein interessanter Treffpunkt ist, dessen Aktivität im lebendigen Wechselspiel von Mustern und Oberflächen ausgedrückt werden sollte, und zwar in einer für menschliche Begegnung offenen Mittelzone (s. Grundriss, **Abb. 55**). Weiße *bush-hammered* Betonsäulen, offene Kassettendecken, rau strukturierte Ziegelwände, braune Bodenfliesen und viel Glas sollten eine vorstädtische, fast häusliche Anmutung schaffen, wobei auch die gesamte Möblierung aus Birke und Nussbaum von TAC gestaltet wurde. Der Clou aber war, dass das Kernstück jeder Bank, der Tresorraum, aus der Mitte an die Außenecke neben dem Eingang gerückt wurde. Dort durchbrach das Tresorgehäuse die Glashaut und war auch von der Straße in demselben hellen Edelbeton wie im Inneren zu sehen.

Worcester Foundation for Experimental Biology

Das Communications Building der Worcester Foundation for Experimental Biology in Shrewsbury, Mass. (1966) mag hier als ein gelungenes Beispiel sorgfältig durchdachter, TAC-typischer Raumgestaltung dienen. Die Sichtziegelwände und -pfeiler sind in verschiedenfarbigen Klinkern ausgeführt, von sandfarben bis dunkelrot; dabei tragen die schlanken Stützen nicht etwa eine Stahlbetondecke, sondern kräftige Holzleimbinder, deren Auflager auf den Ziegelpfeilern klar herausgearbeitet, ja gabelförmig gefasst sind. Die hochliegenden *brise soleil* (Sonnenblenden) sowie die Ablagekästen in den Fensternischen samt Mobiliar bilden eine Einheit mit dem übrigen Raumgefüge. Die großzügige Lichtführung, dazu die Beschränkung auf nur drei Materialien – Ziegel, Glas und Holz – atmen natürliche Eleganz und Gediegenheit ohne Effekthascherei.

Auch gewinnt hier das vielbemühte Wort Funktionalität eine neue Dimension, da es sich in den Räumen gut arbeiten lässt. Der schalldämpfende Wand-zu-Wand-Teppich – bis heute ein Muss in amerikanischen Büro- und Hochschulräumen – ist bestückt mit den zeitlosen Erbstücken der Bauhausepoche. Die metallenen Freischwinger-Sessel mit schwarzem Leder werden unaufdringlich und wie selbstverständlich zu integralen Elementen des Raumes. Hier wirken diese Klassiker der Möblierung, als hätte es sie von je her ebendort gegeben.

Die in Neuengland entstandene Spielart der Moderne hat ihre Wurzeln zu einem guten Teil im zurückhaltenden Vokabular der Kolonialarchitektur – eine Feststellung, die verwundern mag. Moderne und Kolonialarchitektur? Wie geht das zusammen und was würde Gropius dazu sagen? Aber die kleineren Städte und Dörfer der Region sind geprägt von einer für die USA erstaunlich disziplinierten Einheitlichkeit der Formensprache: Knappe, weiß gestrichene Baukörper aus Holz, sparsame vertikale Fensteröffnungen, Klappläden, mehr oder weniger einheitliche Dachneigungen, häufig um einen zentralen Anger mit Kirche gruppiert. Dieses historische Bilderbuch-Neuengland wirkt stellenweise wie von einer einzigen ordnenden Hand geformt und ist doch das Gemeinschaftswerk vieler (**Abb. 57**).

Abb. 57: Typisches Neuenglandhaus in Warren, Conn.

Eine solide Tradition örtlichen Handwerks, verbunden mit einem natürlichen Sinn für Maß und Proportion, haben geholfen, der Moderne eine unerwartete neue Heimat in Nordamerika zu schaffen. So gelang es, fast unter der Hand die seinerzeitige Kargheit bauhaustypischer Interieurs allmählich zu verwandeln in Räume mit hoher Aufenthaltsqualität – spürbar in der Verwendung lokaler und erdiger Materialien. Zudem hat es TAC in den meisten Fällen verstanden, durch sorgfältige Auswahl der Bauunternehmer *(contractors)* einen hohen Standard bei Detailplanung und Ausführung durchzuhalten.

Wie bei allen TAC-Bauten blieb auch im oben beschriebenen Worcester-Projekt die Person des Entwerfers prinzipiell im Hintergrund. Es war der Partner Norman C. Fletcher, der – weitgehend unauffällig im Bürogeschehen, aber mit einem guten Mitarbeiterstab – das Vorbild für eine ganze Reihe nobler Institutsbauten geschaffen hat. Das Ehepaar Fletcher war ja seit je sozial engagiert und gehörte seinerzeit zu den ersten, die Gropius in einem Brief die Gründung eines gemeinsamen Büros nahegelegt hatten.

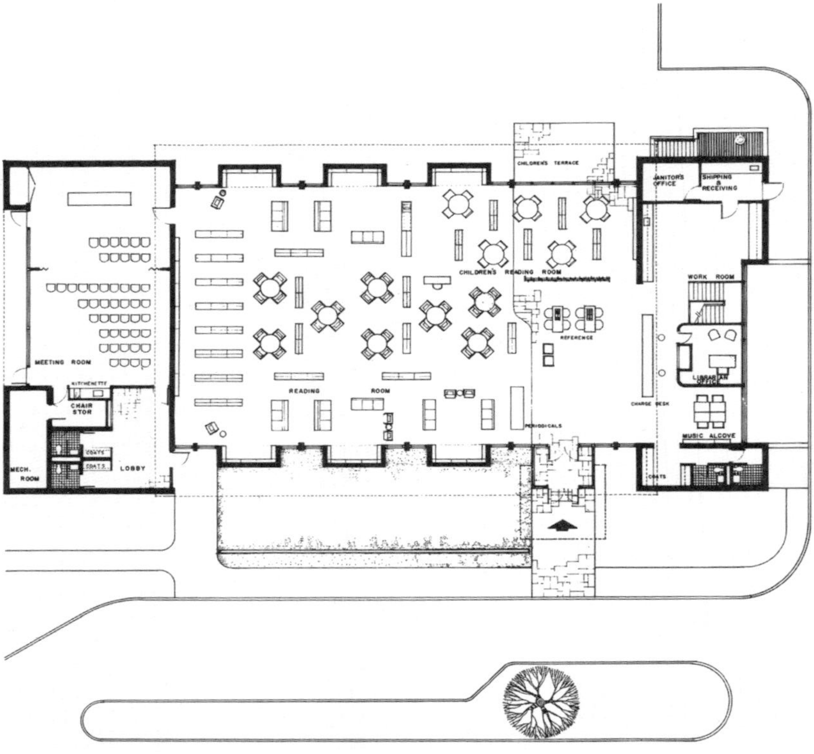
CHILDREN'S TERRACE
JANITOR'S OFFICE
SHIPPING & RECEIVING
MEETING ROOM
CHILDREN'S READING ROOM
WORK ROOM
REFERENCE
LIBRARIAN OFFICE
READING ROOM
CHARGE DESK
KITCHENETTE
CHAIR STOR
PERIODICALS
MUSIC ALCOVE
COATS
COATS
LOBBY
MECH. ROOM
COATS

FLOOR PLAN

Abb. 58: Putterham Branch Library, Brookline, Mass., 1962, Ansicht und Grundriss

Putterham Branch Library, Brookline, Mass.

In ähnlicher Weise wie Norman Fletcher hat seine Ehefrau Jean B. Fletcher mit der Putterham Branch Library (1962) so etwas wie einen Prototyp geschaffen (**Abb. 58**). Der scheinbar freischwebende Dachkörper überspannt einen großen Lesesaal mit 18.000 Büchern, dessen verglaste Außenwände durch eingestellte *book alcoves* und ein Vestibül untergliedert sind. Der Lesesaal wird seinerseits an den Schmalseiten durch zwei massive, nahezu fensterlose Seitenflügel in Sichtmauerwerk eingefasst. Sie behausen Nebenräume und ein Auditorium, haben aber eine zusätzliche Aufgabe: Sie dienen optisch als die Stütz- und Ankerpunkte für eine sinnfällige Massengliederung, welche die schwebende Dachplatte über die schweren Seitenflügel sozusagen wieder zur Erde zurückholt.

Das ergibt einen Baukörper, der bei aller Offenheit und Durchlässigkeit gleichzeitig Schutz und Sicherheit ausstrahlt. Aus gutem Grund wurde diese Anordnung in der Folge zum Grundmuster für ganz andere Bauaufgaben, zum Beispiel für diverse Bankgebäude auf örtlicher Ebene – vornehmlich die Zweigniederlassungen der Chase Bank. Denn es war einfach ein Bautyp, der Zuverlässigkeit ausstrahlte. Für Kritiker aber bedeutete gerade die Austauschbarkeit solcher Prototypen für verschiedene Zwecke TACs beginnenden Niedergang im Formalismus beziehungsweise in der Wiederholbarkeit einmal gefundener Lösungen.

Doch gerade die gediegene Bauweise war mit der Zeit zu einem Markenzeichen von TAC geworden, die sich noch dazu äußerst vorteilhaft fotografieren ließ und für einige Zeit gute Aufträge ins Haus brachte. Die bevorzugten Fotografen waren Louis Reens (1933–2001), Ezra Stoller (1915–2004), Phokian Karas (1921–2009) und Robert Harvey. Es war nicht zuletzt diese Kombination aus erstklassiger fotografischer Dokumentation mit sorgfältiger Bauweise, die 1964 zur Auszeichnung durch das American Institute of Architects (AIA) mit dem *Architecture Firm Award* führte, in Anerkennung der demokratischen Gemeinschaft gleichberechtigter Partner im Büro.

Abb. 59: Boston Childrens' Hospital, Annäherung an die Umgebung mit Vorentwurf für Medical Center, 1964. Zeichnung des Verfassers

Abb. 60: Boston Childrens' Hospital, Umgebungs- und Fassadenperspektive für Medical Center, 1964. Zeichnung des Verfassers

Boston Children's Hospital

Mit zunehmender Größe und Vielfalt der Bauvorhaben wuchsen die Anforderungen an den Bürobetrieb. John C. Harkness wurde *principal in charge* für die Erweiterungsbauten des renommierten Boston Children's Hospital (1962–65). Mit John, genannt Chip, konnte man gut zusammenarbeiten, seine geradlinig-kameradschaftliche Art machte ihn zu einem exzellenten *team player*. Er war in seiner Studentenzeit Ringer gewesen und hatte nationale Preise gewonnen.[41]

Chip war im Zweiten Weltkrieg, wie ich erst später erfuhr, *conscientious objector* (Kriegsdienstverweigerer) gewesen, hatte einen Ambulanzwagen in Italien gefahren. Jetzt verlangten seine Verhandlungen mit der Bauherrin, der hartleibigen Hospital Commission, viel Zeit und Kraft. Das verfügbare Gelände für die Erweiterungsbauten war eng und schwierig, weil sie in einen bereits vorhandenen, verschachtelten Komplex eingefügt werden mussten (**Abb. 59, 60**). Das neue Medical Center sollte im Grunde dem bewährten Schema der Collegebauten folgen, also Bauten, die eigentlich als Solitäre gedacht waren und als solche gefeiert worden waren. Im Grunde war das ja nicht verkehrt, denn dieser vielseitige Bautyp hatte den Nimbus von TAC für Institutsbauten mitbegründet und konnte, zweiseitig belichtet, sehr unterschiedliche Büro-, Studien- und Experimentierräume, sogar Labors etc. aufnehmen.

Abb. 61: Experimental Geology Laboratory, 1962

So war zum Beispiel das Laboratory of Experimental Geology (1962) schon bald zu einem anerkannten Vorbild und Prototyp solcher Institutsbauten in Harvard geworden (**Abb. 61**). Es war ebenfalls unter Chip Harkness entworfen und dann von meinem damaligen Zimmergenossen im Harvard-Wohnheim, Victor C. Mahler (1932–2011), maßgeblich und bis zur Perfektion bearbeitet worden. In der Kombination von rotem Ziegelmauerwerk mit betonierter Tragstruktur samt „schwebender" Dachplatte war es – freistehend, fotogen und in guter Lage – unverkennbar ein TAC-Bau jener Jahre; er strahlte die Solidität und jene Erdgebundenheit aus, die seiner Funktion entsprach.

Dass aber dieser freistehende Bautyp nun beim Entwurf für das Kinderkrankenhaus mit weiteren Bauten gekoppelt werden sollte, war vom Prototyp her nicht vorgesehen, und die Einarbeitung in die Funktionsabläufe eines modernen Krankenhauses über mehrere Abteilungen hinweg gestaltete sich ohnehin schwierig. Das war der Zeitpunkt, als ich gerufen wurde, um eine komplexe

Situation „bereinigen" zu helfen. Das heißt, ich machte mich zeichnerisch an die Analyse einer Umgebung, die so gar nicht mehr der harvardianischen Idylle Neuenglands entsprach: Eine seltsame Mischung aus *dreary downtown* mit einem alten Maschinenhaus, massivem Fabrikschornstein (**Abb. 59**) und monotonen Erweiterungsbauten aus früheren Dekaden prägte das Bild, ausgerechnet vor dem Haupteingang. Es war eine ziemlich verbaute, triste Innenstadtlage, kaum geeignet für die Gesundung von Kindern.

Auf Wunsch von Gropius sollte ich mich zunächst diesem Eingangsbereich widmen, dann aber auch den Gelenken und Zwischenräumen, die sich zwischen Alt- und Neubauten aus den verschiedensten Epochen ergeben würden: Dass ich nun ausgerechnet für das „dazwischen" zuständig sein sollte, nicht für die Hauptsache, gab mir zu denken. Aber Gropius hatte immer das Ganze im Blick, machte nie Halt an der Grundstücksgrenze. Also versuchte ich, in einer Serie von perspektivischen *layers* oder kulissenartigen Schichten, die man nacheinander wegklappen konnte, der Sache durch bewusste Kontraststeigerung auf den Grund zu gehen (**Abb. 60**). So sollte dem Betrachter in einer Art Wegführung das gesamte unübersichtliche Ensemble erschlossen werden, inklusive einer Verbindungsbrücke zwischen den beiden Neubauten.

Gropius nahm regen Anteil an dem Prozess, prüfte schmunzelnd meine Blätter, wiegte den Kopf und schien selbst unschlüssig, wie man auf die städtebaulich verfahrene Situation reagieren sollte. Ich hatte die beiden Neubauten noch weiß gehöht, der erhofften zukünftigen Wirkung zuliebe, aber letztlich blieb für TAC auf dem verbauten Gelände nur eine Lückenbüßerrolle. In der Folge konzentrierte ich mich auf jene höchst empfindliche Stelle, wo die zwei Hospitalneubauten einen stumpfen Winkel zueinander bildeten und nun verbunden werden sollten (**Abb. 62**) – rechts das Medical Center, links der Medical Annex. (Das waren damals reine Arbeitsbezeichnungen, später bekamen die Bauten die Namen von Stifterfamilien). Ich versuchte, mit größtmöglicher Sachlichkeit einer Situation auf den Grund zu gehen, die für *linkage*, also eine gelungene Verbindung denkbar ungeeignet war. Vielmehr glich sie einer Kollision von zwei übermächtigen Schiffen; denn beide Gebäude waren nicht mehr, wie noch die früheren Campusbauten, locker und eingeschossig-elegant – wie von selbst – zu verbinden.

Es waren mehrgeschossige, aber unterschiedlich hohe Baukörper, jeder bekrönt mit der TAC-typischen freischwebenden, aber massiven Dachplatte, die sich triumphierend – und selbstverständlich *bush-hammered* – auf ebensolchen

Abb. 62: Boston Children's Hospital, Verbindungsgang zwischen Medical Center (rechts) und Medical Annex (links), 1962–1964. Zeichnung des Verfassers

Betonskelett-Stützen erhob. Ein Dialog zwischen zwei solchen Solitären war, wie mir schien, gar nicht mehr möglich, geschweige denn eine funktionierende Verbindung. Um überhaupt Klarheit zu gewinnen, was da räumlich vor sich ging, fing ich an, die Bauteile in einer klassischen Zentralperspektive so zu erfassen – das heißt, erst einmal zu verstehen –, wie sie da aufeinanderstießen.

Die Enden der beiden Baukörper hatten ja eine ganz direkte Wirkung, eine stoffliche „Gewalt“ allein durch das edle Material, die ich nicht verleugnen wollte: Drei verschiedene Oberflächenstrukturen trafen sich hier auf engstem Raum, nämlich der mit dem Hammer bearbeitete Ortbeton, dazu als Fertigteile eingesetzte helle *fins* (Flossen) an den Fenstern und vorgefertigte dunkle Fassadenpaneele mit hellen Einsprengseln – alles in allem eine Symphonie auf das zeitgenössische Material Beton. Das Ergebnis meiner Arbeit war eine Skizze (wieder auf gelbem Papier), welche die Anordnung, die Verschiedenfarbigkeit und das Oberflächenspiel der Bauteile realistisch wiedergab. Und der eigentliche Verbindungsgang, um den es ja letztlich ging, sollte so unauffällig wie möglich erscheinen, als reiner Luftsprung. Das war schon ein Widerspruch in sich, nämlich mit großer Klarheit etwas zeichnen zu wollen, was eigentlich unsichtbar sein sollte – eben das reine Nichts an großer Architektur!

Chip Harkness billigte die Zeichnung, weil sie nichts beschönigte. Im Grunde war das, was ich da ablieferte, nichts weiter als Neue Sachlichkeit – ein Begriff übrigens, den Journalisten zur Bauhauszeit erfunden hatten und den Gropius immer abgelehnt hat, auch nachdem sich der Slogan international durchgesetzt hatte.[42] Wie ich später lernte, wurde der Begriff in Korea mit *sil hak* übersetzt, was schlicht *Ding als Ding* bedeutet und überaus treffend erscheint. – Viele Jahre später fand sich dann just diese Zeichnung überraschenderweise veröffentlicht im dtv-Atlas Baukunst von 1981, allerdings ohne Namensnennung. Offenbar hatten die Nachlassverwalter von TAC das Blatt entdeckt und freigegeben. Ich hätte mir seinerzeit nicht träumen lassen, dass es einmal zum Sinnbild moderner Architektur erhoben werden könnte, – ganz prägnant unter den Stichworten „Multifunktionalität, Klarheit und Rationalität“.

Im Text hieß es dazu weiter: „Die Funktionen von Trag-Struktur und Füll-Struktur werden in einem Spiel klarer Kontraste sichtbar gemacht. Der Gesamteindruck beruht in fast klassischer Weise auf dem Gegensatz von Stütze und Last, aber in einem neuen Verständnis für die Möglichkeiten des Eisenbetons. (...) Der Block der Geschosse mit der freien stützenlosen Ecke wird vom Boden abgehoben. (...) Praktische und ästhetisch Probleme sind durch sorgfältige Planung der Struktur gleichermaßen gelöst.[43]

Abb. 63: Walter Gropius, Alex Cvijanovic (links) und Royston Daley (rechts) bei der Planung von „Gropiusstadt", 1966

Projekte von TAC in Deutschland (II)

Parallel zu den obigen Projekten wurden, vornehmlich in Gropius' Hauswerkstatt 63 Brattle Street, die verschiedenen Aufträge aus Deutschland bearbeitet. Wegen der räumlichen Trennung in diverse Häuser bekamen wir, das Team um Chip Harkness, diese Unternehmungen nur mit Unterbrechungen, aber regelmäßig mit. Bei Gropius war es in der Hauptsache der *Junior Partner* Alex Cvijanovic (geb. 1923), mit dem er nicht zuletzt wegen Alex' Deutschkenntnissen die meisten dieser Projekte vorantrieb (**Abb. 63**). Da ich Freunde und Studienkollegen unter den dortigen Mitarbeitern hatte, erfuhren wir immer wieder das Neueste von TACs wechselnden Erfolgen beziehungsweise Niederlagen in der alten Heimat.

So herrschte zeitweise eine merkwürdige Stimmung in 63 Brattle Street, gemischt aus Enttäuschung und immer wieder neu entfachtem Optimismus, zumal unter den Mitarbeitern der Gropiusstadt: „Ja, diese Berliner!" hieß es dann nur.

Abb. 64: Frühe Fassung der Großsiedlung Britz-Buckow-Rudow, Berlin. Gropius und Ben Thompson (Modell), 1959/60

Anfangs hatte es schon ein Vorläufermodell für die Großsiedlung Britz-Buckow-Rudow in Berlin gegeben – die später „Gropiusstadt" genannt werden sollte. Gropius hatte es 1959/60 noch mit Ben Thompson erarbeitet (**Abb. 64**). Eines ihrer Kennzeichen waren gleich mehrere in Halb- und Dreiviertelkreisen angelegte Wohnblocks, in Anlehnung an Bruno Tauts Hufeisensiedlung in Britz: Die Form war zu einem augenfälligen Gemeinschaftssymbol geworden, das auch noch in seiner Wiederholung auf dem ausgedehnten Gelände sinnvoll schien für heutige Bedürfnisse.

An der Ausarbeitung der späteren Fassungen der Großsiedlung (1962–71) für 50.000 Einwohner war dann unter anderen der deutschstämmige Mitarbeiter Dieter Roger beteiligt. Während er von etlichen Widerständen und Querelen mit den Berliner Behörden und assoziierten Planern berichtete, betrachteten wir mit Bewunderung das schneeweiße Modell dieser Großsiedlung in grüner Parklandschaft. Es war ein großes Tischmodell, das einen ganzen Raum ausfüllte. Beim Rundgang mit Cvijanovic konnten wir uns schwer vorstellen, warum eine

Abb. 65: Spätere Fassung von „Gropiusstadt", Berlin. Gropius und Alex Cvijanovic, zentraler Bereich (Modell), 1962

offensichtlich so stimmige, so gut durchdachte Gesamtanlage mit dem wohlproportionierten Hochhaus und dem markanten Halbkreis des Wohnblocks in der Mitte (**Abb. 65**) selbst im fernen Berlin nicht mit Begeisterung aufgenommen werden sollte. Das Konzept stimmte, so befanden wir, wenn es denn schon eine Großsiedlung sein musste. Erst mit den Jahren wurde klar, dass der schlechte Ruf der Gropiusstadt wesentlich, aber nicht nur, durch die falsche Belegungspolitik seitens der Stadt entstanden war.[44]

Bei unserer positiven Einschätzung spielte natürlich mit, dass es Großsiedlungen dieser Art und Größe damals in den USA gar nicht gab und dass wir es an der Zeit fanden, bei TAC endlich einmal von – auch noch so perfekten – Einzelbauten wegzukommen, hin zu einer ganzheitlichen Lösung der Siedlungsproblematik. Die amerikanischen *suburbs* wie beispielsweise Levittown im Staat New York standen uns ja täglich vor Augen, wenngleich in einiger Entfernung von Cambridge. Es war die parzellierte Ödnis ewig gleicher *bungalows* ohne jede städtebauliche Spannung. Die Aufsätze des Soziologen Herbert Gans (geb.

1927) über die „grünen Witwen" in isolierten Vorstädten hatten ja schon seit den 1950er Jahren ihre landesweite Wirkung in USA entfaltet; und die in den 1960er Jahren entstandene Siedlung Reston Township in Virginia wurde als ein erstes Experiment in eine neue Richtung verdichteter Siedlungsplanung begrüßt.

Man darf also die Gropiusstadt heute nicht nur aus der damaligen Berliner Innenschau heraus betrachten, sondern sollte sie vor dem Hintergrund solch transatlantischer Überlegungen zu verstehen versuchen. Das heißt, neben der offiziellen deutschen Gründungsgeschichte dieser Großsiedlung, die Gerd Fehl anschaulich schildert,[45] gibt es noch die andere, die TAC-interne Geschichte der Entstehung mit dem damals neuen Konzept von *planned neighbourhoods* aus dem amerikanischen Städtebau. Hier gab es ja bereits eine illustre Vorgeschichte der Gartenstadtbewegung, zum Beispiel mit der Siedlung Radburn, New Jersey, von Clarence Stein. Dieser hatte dort bereits in den 1920er Jahren das Prinzip der Trennung von Fuß- und Fahrverkehr mit weitgehender Durchgrünung verwirklicht.

Für Gropius war aber neben stadtplanerischen Aspekten das soziale Element der gesellschaftlichen Interaktion sehr wichtig – bis hin zu den Details der räumlichen Wahrnehmung durch den Menschen. So bedeutete *social distance* ganz konkret die Wahrnehmungsgrenze, bis zu der zum Beispiel ein unten auf der Grünfläche spielendes Kind von der Mutter im dritten Stock noch gerufen – und auch noch verstanden – werden konnte. Vor diesem Hintergrund erhebt sich aus heutiger Sicht die Frage, ob man das heimelige, niedriggeschossige Konzept der Taut'schen Berliner Hufeisensiedlung so einfach in die Bauform eines 18-geschossigen Hochhauses übertragen durfte. Doch wurden damals solche Fragen bei TAC kaum oder nur ansatzweise diskutiert. Sicherlich waren die „Rundlinge" ein unmittelbares Erkennungszeichen der ursprünglichen Gropius'schen Planung geworden, ja, ein hochwillkommenes Alleinstellungsmerkmal, das diese Großsiedlung deutlich und auf Anhieb vom späteren Märkischen Viertel in Berlin oder von Neuperlach bei München unterschied.

Weltweit dürfte eine Großfigur mit solcher Signalwirkung ziemlich einmalig im modernen Städtebau sein; historische Vorbilder finden sich dagegen in Bath (England) und in der New Town von Edinburgh, wenn auch im Maßstab reduziert auf viergeschossige *walk-ups*. Der letztendlich gebaute Hochhaus-Rundling im Zentrum der Gropiusstadt deutet eher auf eine symbolische Interpretation von Gemeinschaft, auf die bildgewordene Abstraktion großräumiger Nachbarschaft mit den Mitteln der Monumentalarchitektur. Bei aller Faszination für die mutige Geste blieben uns Jüngeren bei TAC doch manche Zweifel, ob die Großfigur in puncto erlebter Nachbarschaft je die bodennahe Qualität der Hufeisensiedlung würde erreichen können.

Beim Entwurf mehrgeschossiger Wohnblocks waren für Gropius „Fuß und Kopf" sehr wichtig, also Eingangs- und Dachgeschoss. Der Eingangsbereich sollte markant, unverwechselbar und möglichst zweigeschossig mit offenem Durchblick in die dahinterliegende Grünfläche gestaltet sein, als Visitenkarte für die dort Wohnenden. Und der Dachabschluss sollte, anstatt wie aus der Strangpresse kommend, nicht willkürlich abgeschnitten, sondern architektonisch gefasst sein. Das konnte man gut mit aufgesetzten, zweigeschossigen Maisonette-Wohnungen samt skulptural geformten Veranden erreichen, die dann eine klare Kontur gegen den Himmel zeichneten. Kurz, die Botschaft „Hier ist Schluss!" sollte den Monsterblocks ein Gesicht geben, wie es Gropius in aller Deutlichkeit auf **Abb. 63** anzeigt. Eine solche bewusste Ausformung von Dachgeschossen war damals im sozialen Wohnungsbau nicht üblich und wurde von den Bauträgern als zu kompliziert oder aufwendig abgelehnt.

Während all dieser Überlegungen blieben uns aber die wirklichen Zuständigkeiten in der Berliner Planung weithin unklar, nicht zuletzt auch Gropius selbst. Es gab wiederholte Querschüsse der Behörden und Bauträger, aber auch von anderen Architekten, die auf irgendeine mysteriöse Weise mit demselben Projekt befasst waren oder wurden und jetzt gehört werden wollten. Dabei war doch Gropius ausdrücklich als oberster Planer „für eine ‚große Gesamtvorstellung', ... die klar und unzweideutig zutage träte", beauftragt worden.[46] Dazu kam auch noch der Vermerk der Baubehörde: „Es wird für zweckmäßig gehalten, daß der Bebauungsvorschlag für das ganze Gebiet nur von einem Architekten entworfen wird." Die GEHAG als Hauptbauträger hielt noch am längsten zu Gropius: „Die offensichtlichen Fehler des neuentstandenen ‚Hansaviertels' (...), eines Konglomerats nach dem Plan verschiedener Architekten [sind hier] nicht zu wiederholen. Die künftige ‚Gropius-Town' in Berlin soll eine einzige Handschrift tragen."[47] In der Summe war das zu schön, um wahr zu werden.

Und so kam es anders. Die einzelnen Phasen des Abschieds von der „umfassenden Gestaltungsidee", der allmählichen Entstellung und Zersplitterung dieses Großprojekts bei gleichzeitiger Verdichtung, sind heute in der genannten Quelle nachzulesen, wie auch Gropius' schrittweise Selbstentmächtigung vom Gesamt-

Abb. 66: Schule mit Kindertagesstätte für „Gropiusstadt", Berlin. Gropius und Alex Cvijanovic, Prototyp Klassengebäude, 1962/68

planer zum „schöpferischen Koordinator".[48] Damals überlegten wir schon, ob der allzeit höfliche Gropius sich vielleicht nicht energisch genug hatte durchsetzen können gegenüber den verschiedenen Entscheidungsträgern; oder ob er umgekehrt so sehr vom Segen des kollektiven Arbeitens, dessen Modell er in USA geschaffen hatte, durchdrungen war, dass er arglos der Mitarbeit von Berliner „Kollegen" vertraute, die er kaum kannte. Dabei war er trotz seiner mittlerweile 80 Jahre (1963) keineswegs altersmilde, sondern überzeugungsstark im Gespräch.

Daneben lief bei TAC, gemeinsam mit dem ehemaligen Bauhaus-Studenten Wils Ebert (1909–1979) in Berlin, die Planung für die kombinierte Grundschule samt Kindertagesstätte (1962–68) in derselben Großsiedlung (**Abb. 66**). Der neue Ansatz mit den drei- beziehungsweise fünfflügeligen Klassengebäuden, einzeln aufgereiht an einem offenen Verbindungsgang, war mutig, durchaus innovativ und wurde an einem großen Arbeitsmodell 1:20 ausgiebig bis ins Detail studiert (**Abb. 67**). Die Anlage war natürlich von den großzügigen Campus-Planungen Neuenglands inspiriert. Das Modell des Schulgebäudes konnte aufgeklappt werden, sodass der zentrale Verteilungsraum samt Oberlicht im Querschnitt sehr anschaulich sichtbar wurde. Wieder war es Dieter Roger, der sich hauptsächlich um diesen Auftrag kümmerte.

In einem anderen Raum bei Gropius erstrahlte das eindrucksvolle Modell des Thomas-Glaswerks in Amberg für die Philip Rosenthal A. G. (1968). Der kraftvolle *A-frame*, wie das Konstruktionsprinzip aus dreiecksförmigen Stahlbetonelementen hieß, wirkte durch seine rhythmische Wiederholung in langer Reihe, mit den zwischengeschobenen Fensterbändern, beinahe wie ein Monument aus der frühen Moderne (**Abb. 68**), um nicht zu sagen, wie eine Kathedrale. Aber die zum Teil lauwarme Würdigung in deutschen Blättern, die ich später zu lesen bekam, wirkte befremdlich, auch wie schlecht verhohlene *sour grapes*. Es klang fast wie das neidvolle Eingeständnis, dass deutsche Architekten nicht fähig waren,

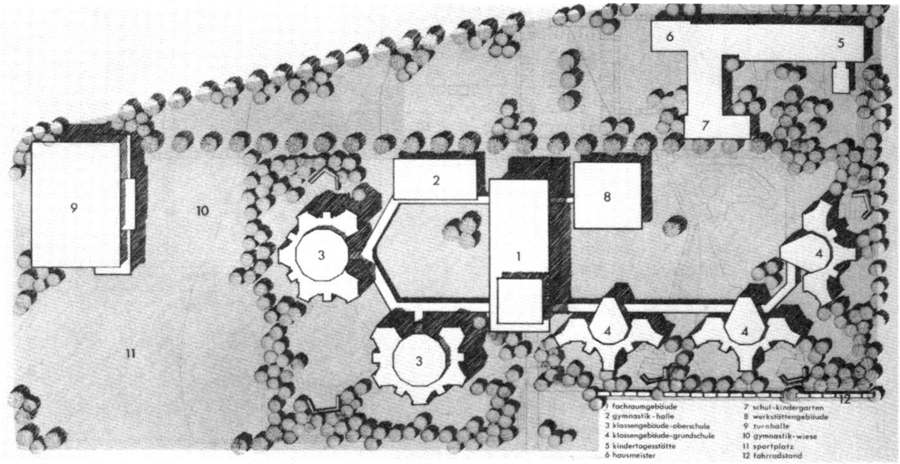

Abb. 67: Schule für „Gropiusstadt", Berlin. Gropius und Alex Cvijanovic, Lageplan, 1962/68

Abb. 68: Thomas-Glaswerk für Rosenthal A.G., Amberg. Gropius und Alex Cvijanovic, Gesamtanlage, 1968

im modernen Industriebau vergleichbar Kraftvolles auf die Beine zu stellen. Bis heute ist nicht klar, warum diese für Deutschland entworfenen TAC-Bauten hierzulande nicht wirklich geschätzt wurden.

In der Summe verbanden wir also die sogenannten deutschen Projekte bei TAC schon bald mit Vorstellungen von „schwierig, mühsam, kontrovers" oder „undankbar". Und obwohl jedesmal mit viel Schwung und *Grope's* persönlichem Einsatz begonnen, schienen sie sich bald irgendwo festzufahren, sodass wir manchmal schon fast Mitleid mit jenen Kollegen hatten, die damit betraut wurden. Das war ganz anders bei den amerikanischen Projekten, wo meist ein zuversichtlicher Grundton herrschte, auch noch bei fortgeschrittener Bearbeitung, und man sich, wie ja auch im sonstigen Geschäftsleben, so wenig wie möglich mit Querelen aufhielt oder unnötig belastete. Ein sportlicher und gleichzeitig weniger direkter Umgangsstil gehörte gerade in Konkurrenzsituationen zum guten Ton. Und Gropius war als Mensch ohnehin ein Meister in noblem, konziliantem Auftreten – um nicht zu sagen, in psychologischer Kriegsführung, die aber stets das Fernziel, den Ausgleich, im Sinn behielt. Meist konnte er dem Gegner vermitteln, dass im Grunde doch beide auf ein und dasselbe Ziel, nämlich ein gelungenes Werk hinarbeiteten.

Der andere Gesprächsstil führte manchmal zu kuriosen Episoden, wie einmal bei dem erwähnten Sam Glaser: Ein Team von *mechanical engineers* für die Klimaanlagen im Boston Federal Office Building, das sich um einen prominenten Ingenieur aus Litauen kristallisiert hatte, bemühte sich immer um eine besonders gewählte Ausdrucksweise: Statt eines einfachen *no* in Streitfragen bekam der Kontrahent dann zu hören: „We have not found this to be true." Der gelassen ausgesprochene Satz beendete jeden Widerspruch. Offenbar hatten die Ingenieure gelernt, dass sie mit solchen Floskeln das gängige Vorurteil über *rude foreigners*, die unhöflichen Ausländer, elegant unterlaufen konnten. So lernte man im international durchmischten Gewebe von TAC, wie gerade der zurückgenommene Ton einer *soft-spoken* Gesprächskultur eine viel stärkere Wirkung erzielen konnte als die direkte deutsche Art.

Die Planung für das Bauhaus-Archiv (1964–68) war auch wieder bei Gropius und Cvijanovic in einem eigenen Raum angesiedelt und wurde unterstützt von Louis McMillen, Wils Ebert und dem Gründungsvater des Bauhaus-Archives Hans Maria Wingler (1920–1984). Damals wussten wir nicht, dass es das letzte Werk von Gropius werden würde, sozusagen sein Vermächtnis. Wir studierten eingehend das Modell dieses ursprünglichen Entwurfs, der für den Standort Rosenhöhe in Darmstadt gedacht war (**Abb. 69**). Die gewölbten Oberlichter waren dessen stärkstes Merkmal, getreu der Vorgabe von Gropius, dass Tageslicht anstelle von Kunstlicht immer noch den besten Erfahrungsrahmen für Kunstwerke jeglicher Art bot: „Natural light is (...) dynamic, is alive as it changes continuously. The ‚fleeting occurrance' caused by the change of light is just what we desire."[49]

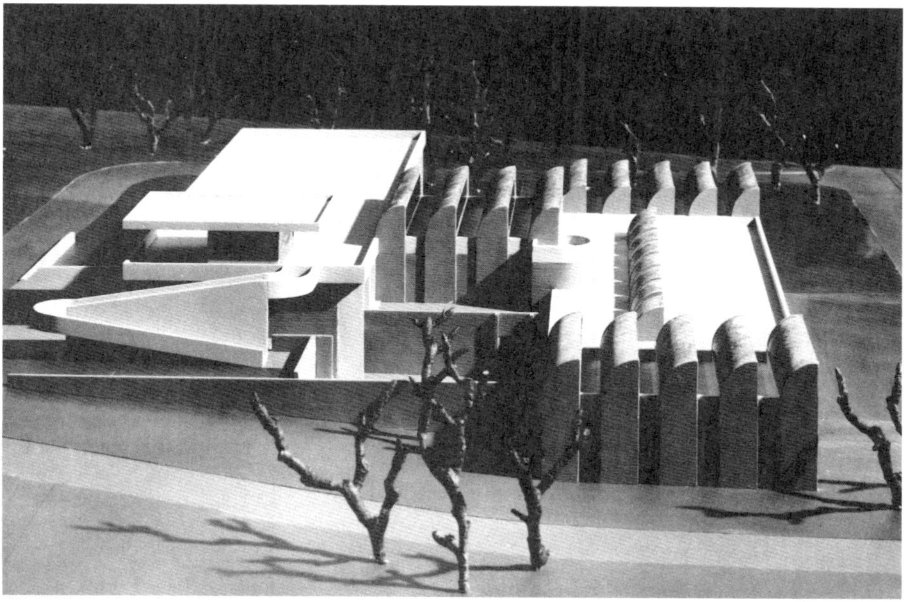

Abb. 69: Bauhaus-Archiv, Rosenhöhe Darmstadt. Gropius und Alex Cvijanovic, Modell, 1964

Diese Frage war jedoch unter Museumsleuten keineswegs unumstritten, viele waren auf Kunstlicht eingeschworen. Nach Gropius hingegen sollten die Besucher anstelle von perfekter, statisch-steriler Beleuchtung durch Kunstlicht die wechselnden, wetterbedingten Lichtverhältnisse der Außenwelt ständig mitbekommen, im Sinne einer lebensnahen Kunstwahrnehmung unter natürlichen Bedingungen. Das war sicher gut gedacht und zeigte erneut Gropius' Interesse für die physiologischen Grundlagen optischer Wahrnehmung[50]. In letzter Konsequenz belegt es, dass es Gropius überhaupt nicht um die wissenschaftlich gesicherte, sogenannte ideale Beleuchtung von Kunstwerken ging, sondern, wieder einmal, viel mehr um deren Beziehungen zum weiteren Geschehen der Umwelt. – Ich selbst konnte mich dennoch bei der Betrachtung des Modells einiger leiser Zweifel nicht erwehren, denn die architektonische Umsetzung dieser Idee erschien ein wenig zu konstruiert, vielleicht auch unnötig fabrikmäßig und starr in der Formgebung.

Zumindest bei dieser frühen Darmstädter Version schien das ein Manko. Knapp zwei Jahre zuvor hatte ich bei José Luis Sert am Museum für die Fon-

Abb. 70: José Luis Sert: Foundation Maeght, Saint-Paul-de-Vence, Frankreich, 1964

dation Maeght im französischen Saint-Paul-de-Vence mitgearbeitet. Bereits hier hatte Sert die perfekte Form der im Viertelkreis gewölbten Oberlichter gefunden und sie zu einem Merkmal seiner Museumsbauten gemacht (**Abb. 70**). Der mediterrane Charme, mit dem Sert diese Bauten in den Pinienwald stellte, war einmalig und kaum zu übertreffen. Der Maßstab, die kluge Materialwahl und die souveräne Art der Wegeführung durch Innen- und Außenraum ergänzten sich auf idealtypische Weise. Im Übrigen hatte Sert zuvor schon mit dem Haus für den Maler Georges Braque (1960) die gültige Form für diese Lichtführung durch Sheddächer gefunden, ebenfalls in Saint-Paul-de-Vence.

Nachdem später das Grundstück für das Darmstädter Bauhaus-Archiv nicht mehr zur Verfügung stand, wurde der TAC-Entwurf umgearbeitet auf die ganz andere Lage für ein Bauhaus-Archiv in Berlin (1976–79) – und nicht zu seinem Nachteil. Diese Umplanung war ein Gemeinschaftswerk von Alex Cvijanovic und dem Berliner Architekten Hans Bandel (1918–2003). Die schöne, in sich selbst zurückkehrende Rampe wurde in Berlin zu einer kecken Schräge abgewinkelt (**Abb. 71**) und um einen langen Brückenweg ergänzt, was den öffentlichen Zugang gleich anfangs – noch vor Erreichen des Haupteingangs – zu einem wichtigen Glied der räumlichen Erlebniskette machte. Indem man so auf einer erhöhten Ebene das Wechselspiel der Volumina von außen durchwandern und eine erste Überschau gewinnen konnte, empfand man den Abgang in den tieferliegenden Hof, gefolgt vom Schritt über die Schwelle, wie die Heimkehr in eine vertraute Welt, eben die Bauhauswelt.

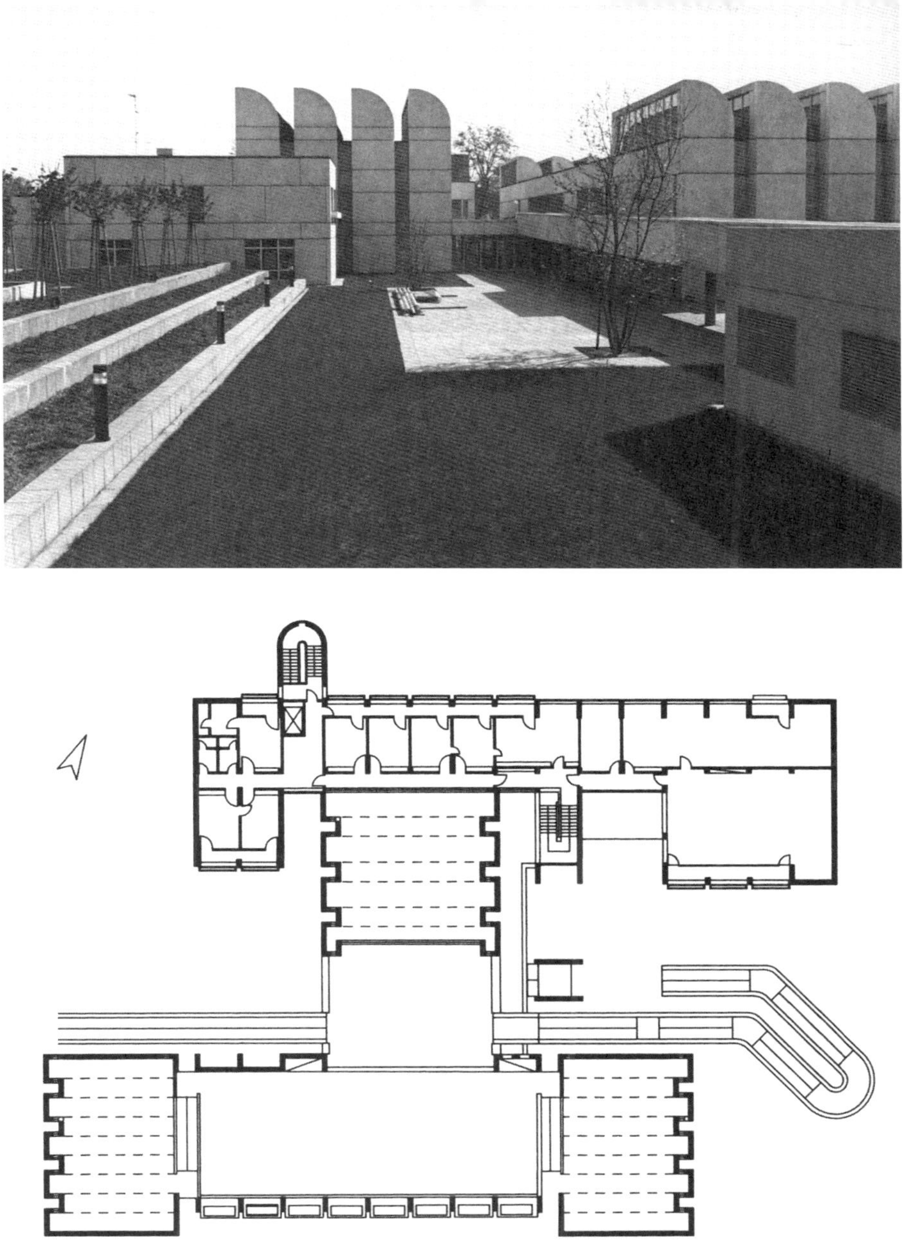

Abb. 71: Bauhaus-Archiv Berlin, 1976–79. Alex Cvijanovic mit Hans Bandel, Westansicht und Grundriss

Abb. 72: Le Corbusier: Carpenter Center for the Visual Arts, Harvard-Universität, 1963

Die neue, kluge Form der Erschließung war ja letztlich die Folge der notwendig gewordenen Umarbeitung des Darmstädter Entwurfs auf den Berlinischen gewesen. Was man jetzt an Höhe von der natürlichen Erhebung jener fernen Rosenhöhe verloren hatte, wurde hier gewissermaßen zurückgewonnen durch das Tieferlegen des gesamten Zugangsbereichs. Es war die glatte Umkehrung der Höhenverhältnisse – weg von der „Stadtkrone" zur intimen Senke des Hofes. Das so erschlossene Innere ließ sich dann durch eine feine Abfolge diverser Säle und Kabinette den erweiterten Berliner Bedürfnissen anpassen. Im Vergleich zu Darmstadt lief das auf eine deutlichere Ausdifferenzierung der unterschiedlichen Raumgruppen hinaus, hin zu einem auch funktional schlüssigen Ganzen. Und formal wurde der Weg zu einer stärker skulptural betonten Raumauffassung beschritten.

Ob oder ob nicht bei der Erschließung das Vorbild der berühmten Rampe in Le Corbusiers Carpenter Center for the Visual Arts in Harvard (1963) eine Rolle gespielt hat, muss Spekulation bleiben (**Abb. 72**). Auch ist mir nicht bekannt, ob Le Corbusier bei seinem Kurzbesuch in Harvard (Juni 1960) seinen alten Freund Gropius getroffen hat; es ist aber anzunehmen. Im Übrigen hatten sowohl Gropius mit dem Harvard Graduate Center als auch *Corbu* mit seinen früheren Bauten das Rampenmotiv schon mehrfach durchgespielt.[51]

Nach dem Tod von Le Corbusier am 27. August 1965 hielt Gropius am 19. Oktober desselben Jahres eine bewegende Rede, in der er den Verstorbenen würdigte. Anlass bot eine Retrospektive von *Corbus* Lebenswerk im Carpenter Center in Harvard. Auch die lesenswerten Nachrufe von *Corbus* Weggefährten José Luis Sert, Costantino Nivola (1911–1988), Jacqueline Tyrwhitt (1905–1983), Joseph Zalewski, Sigfried Giedion (1888–1968) und Jerzy Soltan (1913–2005) sind im Newsletter der Harvard Graduate School of Design Association vom November 1965 versammelt.

Abb. 73: Classical Central Education Center, Providence, R. I. Campusperspektive mit Altbau (links), Klassentrakt (Mitte), Auditorium (rechts). 1. Preis im Wettbewerb, Zeichnung des Verfassers, 1963

Wettbewerb Schulzentrum Providence, R.I.

Der Wettbewerb für das Classical Central Education Center in Providence, R. I., einen großen Schulkomplex, war ein Gemeinschaftswerk von TAC und dem Büro von Chip Harkness' Vater Albert – Harkness & Geddes – in Providence. Hier passten kollektive Arbeitsweise und Ergebnis perfekt zusammen (**Abb. 73**). Als wir den 1. Preis gewonnen hatten, war die Freude groß (**Abb. 74**) und die Gruppe, bestehend aus Chip Harkness, *junior partner* Morse Payne und dem ganzen Mitarbeiterteam, fuhr zur Preisverleihung am 22. Oktober 1963 nach Providence (**Abb. 75**). Das Grundkonzept für den Entwurf hatte Morse Payne geliefert. Aber die Arbeit hatte im Endstadium viel Nachtarbeit und viele Überstunden gefordert, auch über die Wochenenden. In der Folge wurde ich für den Auditoriumsbau zuständig, der eine strategische Ecke im Campus

The Providence Journal

Published Daily Since 1829 in Providence, R.I. Wednesday, October 23, 1963

School Center Design Winner Is Announced

Harkness and Geddes Take First Prize for New Central-Classical

By JOHN MATHEWS
Journal-Bulletin Education Writer

Albert Harkness and Peter Geddes, Providence architects, were chosen last night as the winners of the city's design competition for the new Classical-Central Educational Center.

The names of the winners first became known to both public and judges when Mayor Walter H. Reynolds opened a sealed envelope and announced the winning architects to a tense crowd of 200 architects, city officials and citizens who had packed into an exhibition hall of the Rhode Island School of Design.

Mr. Harkness and Mr. Geddes receive a first prize of $25,000 for their design. If the design is ultimately chosen as the plan for the center, they receive instead the architect's commission, estimated at $300,000.

The Winning Design: 1) Present Central High School. 2) Power plant and Central auto body shop. 3) Central cafeteria and gymnasium. 4) Citizens Savings Bank at Hoyle Square. 5) Classical High School classrooms and library. 6) Classical gymnasium, cafeteria and auditorium (l-r). View is roughly west from Providence YMCA.

Abb. 74: Titelseite von *The Providence Journal*, 23. Oktober 1963

Abb. 75: Das Wettbewerbsteam von TAC und Harkness & Geddes, von links: Arnold Körte, Peter Geddes, unbekannt, Benjamin Hunter, Albert Harkness und Morse Payne; vorne knieend: unbekannt, David Sheffield

nahe dem Altbau besetzte (**Abb. 76, 77**). Hier ließ sich aus der Spannung zwischen Alt und Neu manches an Atmosphäre herausholen und anschließend in eingehenden Studien für die Außen- und Innengestaltung fortspinnen (**Abb. 78**).

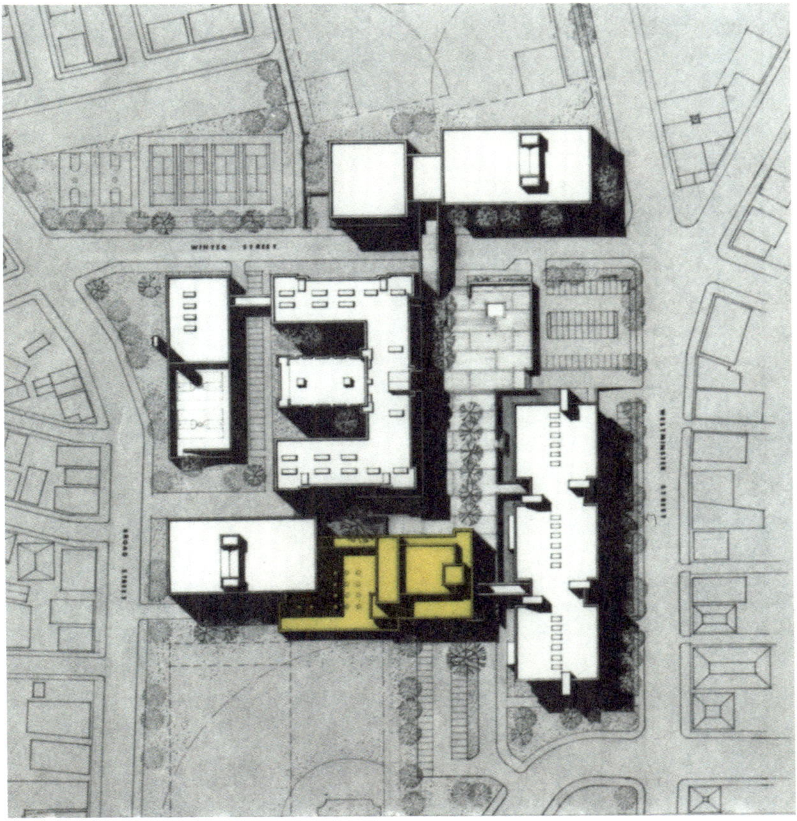

Abb. 76: Classical Central Education Center, Providence, R. I. Lageplan Campus, Auditorium (gelb), Zeichnung des Verfassers, 1963

Abb. 77: Classical Central Education Center, Providence, R. I. Südansicht Auditorium, Zeichnung des Verfassers, 1963

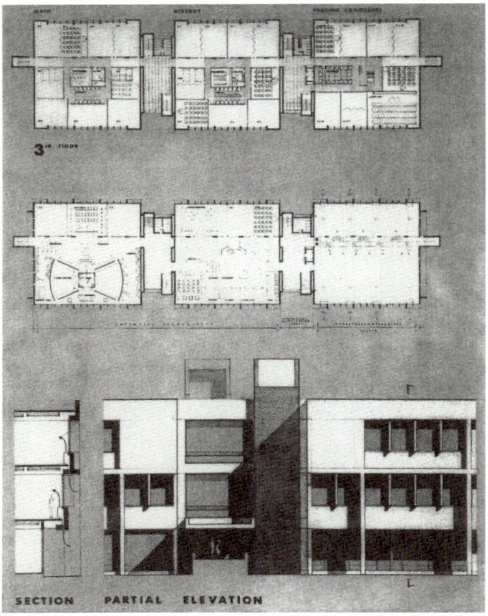

Abb. 78: Classical Central Education Center, Providence, R. I. Klassentrakt, Grundriss und Teilansicht, Zeichnung des Verfassers, 1963

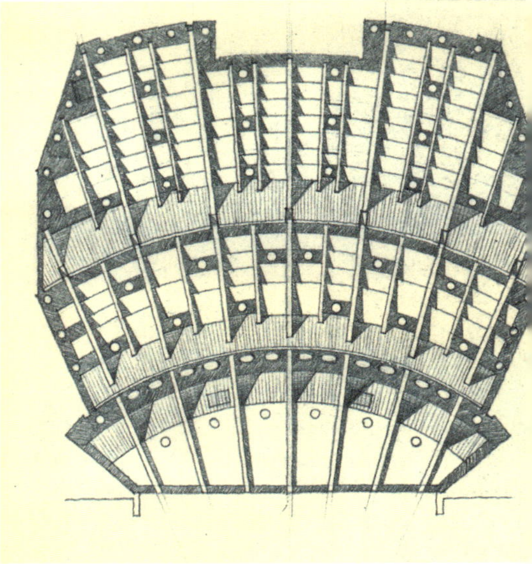

Abb. 79: Classical Central Education Center, Providence, R. I. Akustikdecke im Auditorium, Zeichnung des Verfassers, 1964

Das betraf vor allem den Auditoriumkomplex mit der breit geschwungenen Hallendecke, die als ein radiales Gerippe aus Edelholzlamellen für die Akustik entworfen war (**Abb. 79**). Ich galt inzwischen als *the man with the pencil*, was soviel wie „flotter Zeichner" heißt, und genoss eine gewisse Narrenfreiheit. Als aber dann die Skizzen – natürlich auf gelbem Papier – die Wand neben dem Zeichentisch füllten, stand eines Morgens der *job captain*, David Sheffield, hinter mir und sagte: „Arnold, you do this too beautifully."

Da war sie wieder, dachte ich, jene kleine Welt, die abstruse Vorstellung, dass etwas „zu schön" sein sollte. Ich rief zwar „Never too beautiful, Dave!", war aber doch innerlich empört über eine solche Haltung. Er meinte natürlich, dass ich viel zu viel Zeit mit dieser Deckenmalerei verbrachte, was ich ja noch verstanden hätte und er mir ruhig hätte sagen dürfen. Aber dass sie „zu schön" sein sollte, wollte mir nicht in den Kopf. Mittelmaß war es, was man wollte bei TAC, nicht Exzellenz, wie ich mir trotzig einredete.

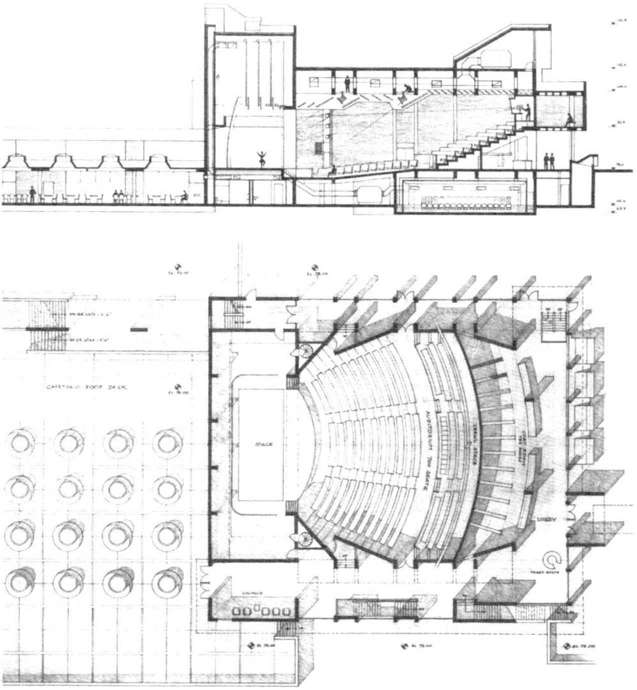

Abb. 80: Classical Central Education Center, Providence, R. I. Schnitt und Grundriss Auditorium, Zeichnung des Verfassers, 1963

Cost controller

Als der Auftragseingang um 1964 stärker wurde, stiegen auch die Betriebskosten bei TAC. Eines Tages wurde ein *cost controller* eingestellt, was uns etwas merkwürdig erschien: Brauchten wir so einen Kostenprüfer? Doch Ernestine Birdsall, genannt Ernie, begann, als Einzelkämpfer für ein stärkeres Kostenbewusstsein der Mitarbeiter zu werben. Er war ein freundlicher älterer Herr, mit dem man reden konnte. Er wusste alles über Material- und Lohnkosten, aber weniger über Gestaltung. So machte er tapfer seine Runden zwischen den Zeichentischen, um allzu wilde Ausbrüche von Kreativität schon im Ansatz einzudämmen. Ich saß zu der Zeit noch am Auditoriumsgebäude der Schule in Providence (**Abb. 80**), und zwar alleinverantwortlich für einen Bau, der ohnehin schon im Ruche der Extravaganz stand, verglichen mit den normalen Klassenräumen.

Wie zu erwarten, fragte Ernie nach der Notwendigkeit der vielen und teuren Sichtziegelwände. Der Gedanke, dass diese besonders hohe Kosten verursachten, war mir noch nicht in den Sinn gekommen, vielmehr gehörten sie für uns schlichtweg zum Standard guter Entwurfsarbeit. Doch insgeheim musste ich ihm recht geben, wenn es zum Beispiel abgelegene Ecken betraf, die nie ein Mensch zu sehen bekäme, wie hinter Nottreppenhäusern oder in WC-Zugängen (wenngleich letztere viel frequentiert würden). Auch schien der Gedanke gar nicht abwegig, die omnipräsenten Ziegelmauern durch das Wechselspiel mit anderen Wandmaterialien etwas aufzulockern, ja zu bereichern. „What's wrong with plaster walls, painted in colours?" fragte er noch, mit dem Blick bemühter Unschuld.

Immerhin kam so, ganz unverhofft, etwas wie Kostenbewusstsein ins Büro. Zum Abschied gab Ernie mir noch, leise lächelnd, das Stichwort *gyp-rock*, also „Rigips" mit auf den Weg. Das war nun allerdings unerhört, ein Affront – zu einem Material greifen zu sollen, das bei TAC verpönt war als der Inbegriff von schnödem Billigbau. Natürlich ließen sich alle Bausünden mit banaler Gipspappe gnädig zudecken, aber ich hatte immer noch die Worte meines Professors Werner Eichberg (1910–1985) von der TH München im Ohr: „Der liebe Gott sieht alles." Im Grunde war es eine ethische Haltung, wenn auch übersteigert, die uns leitete und keine andere Wahl zu lassen schien. Kurzum, die TAC-Bauten waren und blieben teuer in der Herstellung.

TAC in neuen Quartieren

Etwa 1965 bezog TAC, als Zwischenlösung, ein neues Gebäude in 42 Brattle Street, schräg gegenüber von *Grope's* ursprünglichem Büro. Es war ein mehrgeschossiges, breit hingelagertes Glas- und Betongehäuse, in dem allerdings auch noch konkurrierende Büros ihre Niederlassungen fanden. TAC behielt vorläufig noch die anderen Standorte bei, aber in dem neuen Glaskasten war es für den Besucher ungewohnt, die vertrauten Gesichter nicht mehr in verwinkelten Kammern unter Dachschrägen anzutreffen, sondern in modernen, üppig verglasten Büroräumen. Der individuelle Ateliercharakter zumindest ging dort verloren, die Arbeitsabläufe wurden straffer – wenngleich viel zu spät, wie Kritiker meinten. Wegen der großen Nähe zu konkurrierenden Büros am *Architects' Corner* wurden dann, zumal bei Wettbewerben, die großen Fenster wieder zugehängt.

Aber erst mit dem 1966 in 46 Brattle Street endlich errichteten Neubau **(Abb. 81)** festigte TAC den ganz eigenen, anonymen und doch sofort als TAC-typisch erkennbaren Baustil der späten 1960er Jahre. Diese viel beachteten *pur-*

pose-built headquarters (das nur für diesen einen Zweck errichtete Hauptbüro) formten den Kern eines eng umgrenzten Areals benachbarter Architektur- und Designbüros. Der fünfgeschossige Bau war klar gegliedert mit dem vertrauten Rhythmus horizontaler Fensterbänder und geschlossener Wandflächen, in ruhigem Gleichmaß. Die großen Wandflächen waren nicht mehr, wie noch in den frühen 1960er Jahren, in roten Sichtziegeln ausgeführt, sondern in einem hellen, verfeinerten Edelbeton; das verlieh dem Ganzen ein durchgehend monolithisches Aussehen, ohne deshalb abweisend zu wirken.

Abb. 81: TAC in 46 Brattle Street, Cambridge, Mass., 1966

Der Entwurf war ein Gemeinschaftswerk, das aber im Kern wieder auf Morse Payne zurückging. Wie schon beim Schulzentrum in Rhode Island zeigte sich seine sichere Hand in der Fügung der Massen, in der guten Proportionierung und Fassadengliederung. Als erste Kostenschätzungen das Budget überstiegen, machten sich Louis McMillen, Morse Payne und Peter Morton gemeinsam und in aller Eile an die Umplanung, wobei sie Anregungen weiterer Mitarbeiter einbezogen. Im Ergebnis war TAC wieder ganz bei sich und unverwechselbar mit einer reifen Leistung, auch in der Qualität der Ausführung. Ein abgesenkter Hof mit Ziegelpflasterung hielt den Bau auf Abstand von der Straße und brachte Ruhe in den Ort. Nun konnten Ende 1966 alle Zweigbüros ihre Außenstellen in Cambridge verlassen und in einem großen gemeinsamen Haus zusammengeführt werden, nachdem die allzu lockere Büroorganisation und interne Kommunikation problematisch geworden waren. Der Bau vermittelte jetzt nach außen den Status eines global agierenden Architekturbüros erstmals überzeugend. Gleichzeitig hatten sich im Inneren, mit der Aufgabe kleiner unabhängiger Ateliers, die Arbeitsbedingungen gewandelt, auch wenn die Akteure dieselben blieben.

1970 gab TAC, inzwischen mit dem Namenszusatz *Inc.* versehen (als Firma inkorporiert), erstmalig ein eigenes Faltblatt heraus. Neben einem kurzen Rückblick auf die 35-jährige Firmengeschichte seit 1945 wurde darin ein Überblick über die angebotenen Dienstleistungen und die mittlerweile lange Reihe von ausgeführten Werken der letzten Jahre gegeben. Das Faltblatt war wichtig für die Eigenwerbung, vor allem aber zeigte es, wie TAC sich selbst sah und nach außen hin gesehen werden wollte. Das nun weltweit agierende Unternehmen war inzwischen in Westdeutschland, Jugoslawien, Griechenland und Zypern, im Irak, in Kuwait, Saudi-Arabien, Algerien und Tunesien tätig.

Freelancing bei TAC und außerhalb

Als ich zwischendurch versuchsweise freischaffend (*freelancing*) für TAC und andere Büros tätig wurde, ging es vor allem um sogenannte *renderings* (perspektivische Schaubilder) und Architekturmodelle. Erstere fertigte man damals in Handarbeit, ohne Computer, zu einem Stundensatz, der bei mir auf gut Glück angelegt war und mit jedem neuen Projekt stufenweise anstieg, dabei aber immer noch weit unter dem Satz kommerzieller Großbüros in Boston lag. Das war TAC wohl bewusst, die Vergütung erfolgte prompt, weil es so für das Büro billiger kam. Dabei war die Sache mit den *renderings* durchaus eine Grauzone: Der gängige Satz betrug damals zwei Dollar pro Quadrat-Inch, was letztlich dazu führte, dass die Blätter immer größer und größer wurden. Das unbewusste Training durch die Beschäftigung mit Jacoby-Zeichnungen (dazu weiter unten) hatte meinen Fundus an Staffagen, Vögeln, Blättern und Blüten dermaßen angereichert, dass die Randzonen der Zeichnungen über das eigentlich notwendige Maß ausgedehnt werden konnten. Und es sprach für die Großzügigkeit von TAC, dass man sich dort dieser Schaubilder zwecks Vorlage bei Klienten immer wieder gerne bediente.

Die Architekturmodelle, welche ich unabhängig und zu Hause für TAC anfertigen konnte, waren, wie schon am Piccadilly-Projekt, zunächst reine Arbeitsmodelle, oft nur von Teilbereichen eines Bauwerks. Einmal ging es um den eher mittelmäßigen Entwurf für ein Schulgebäude, den ich genauso, wie er vorgezeichnet war, in die dritte Dimension brachte. Als der Verantwortliche das Ergebnis sah, war er sehr betroffen und meinte: „Yes, models don't lie. It is as it is." Er war eine ehrliche Haut, stammte aus Litauen und kam – weshalb er mir vor allem im Gedächtnis steht – jeden Morgen forschen Schrittes mit zwei großen weißen Hunden an der Leine ins Büro. Sie waren vom Typ Windhund, ganz lieb, und verkrümelten sich immer rasch unter seinem Zeichentisch, wo sie dann den halben Tag blieben. Ihr Gebieter war noch jung, aber schon ganz weißhaarig und eher einsilbig. Seine enorm selbstbewusste Ausstrahlung, der wasserblaue Blick, die immer kampfbereite Körpersprache bewirkten, dass ihn niemand auf seine Hundewirtschaft am Zeichenbrett anzusprechen wagte – auch dann nicht, wenn von unten ein kurzes Knurren hörbar wurde. Man dachte dann im Stillen: „Ja, Litauer sind eben so, kleines Land, große Kerle!“, was natürlich Unsinn war! Kurz, er war ein Exot von der Art, wie sie selbst für TAC-Verhältnisse nicht alltäglich waren. Aber es gab noch einige andere Charakter-Typen ähnlicher Art, und manchmal konnte man meinen, dort in einem Sammelbecken von allerlei Sonderlingen zu arbeiten, sogenannten *weirdos*.

Wer weiß, vielleicht war ja der Respekt vor dem Individuellen, Unangepassten eine Qualität, die Gropius auf subtile Art in unser Kollektiv eingebracht hatte. Seine natürliche Wärme, die starke persönliche Ausstrahlung, aber auch der versteckte Humor verschafften dem Büro einen Freiraum – wie den eines Blumenbeetes oder einer Schmetterlingswiese, in der auch gedeihen konnte, was anderswo als Unkraut bezeichnet worden wäre.

Neben den Auftragsarbeiten für TAC führten mich Anfragen diverser *developers* zu Entwürfen für sehr unterschiedliche Projekte. Viele dieser sogenannten Grundstücksmakler oder Investoren waren wortgewandte Entrepreneure – ohne Fachkenntnis, aber mit hochfliegenden Plänen. Einen Gemüsehändler aus dem Hafenviertel von Boston, einen gewissen Mr. Deluti, hatte ich über eine Zeitungsannonce kennengelernt. Er war als italienischer Immigrant nach dem Krieg zu etwas Geld gekommen und suchte jetzt nach Ideenskizzen für ein Motel – ohne dafür das Grundstück zu haben. (In jenen Jahren der beginnenden Massenmotorisierung versprach man sich ein leicht verdientes Vermögen durch den Bau von Motels). Er meinte, dass ich als Harvard-Absolvent – und noch dazu in Rom geboren – gut für Ideen sei und brachte mich mit neapolitanischem Charme dazu, immer neue Motel-Varianten zu produzieren – natürlich ohne Bezahlung. Da half dann auch nicht mehr, dass ich das Phantom-Motel recht malerisch an einem imaginierten See plazierte.

Kollegen, die wie ich ähnliche Projekte verfolgten, bekamen dann einen Satz zu hören, der zum Standardspruch geworden war: *We are looking for someone who is willing to grow with us.* Das klang zunächst nicht schlecht, weil man sich als aufstrebender Architekt ernstgenommen fühlte und immerhin die vage Aus-

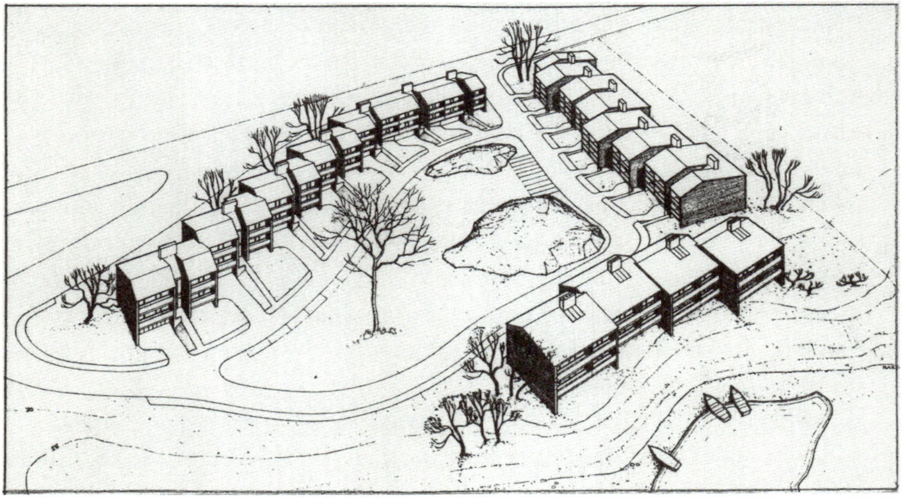

Abb. 82: „The Ledges": Vorschlag für gemeinschaftliche Wohnanlage an der Küste von Newport, R. I. Entwurf des Verfassers, 1964

sicht auf Wachstum bestand. Aber in Wirklichkeit, so lernten wir bald, war es der direkte Einstieg in nicht bezahlte Arbeit, denn von *growing* konnte keine Rede sein, wo es meist auf Ausbeutung ohne Honorar hinauslief. Je mehr Entwürfe und alternative Vorschläge man lieferte, desto mehr geriet man in unfreiwillige Abhängigkeit. – Ich musste dabei an die Aussage von Gropius denken, dass er selbst – als immerhin weltberühmter Architekt – es anfangs sehr schwer gehabt hatte, in den USA an konkrete Bauaufträge zu kommen. Erst das Pan-Am-Projekt hatte schließlich den finanziellen Durchbruch für TAC geschafft.

Ein weiteres Projekt mit anderem Bauherrn, aber wieder für ein Motel, begann vielversprechender. Es sollte der Prototyp für ein kleines Tagungs- und Konferenz-Motel ganz neuer Art entwickelt werden, das sich später, nach Amortisierung der Baukosten, in ein geräumiges Wohnhaus für die Familie des Betreibers zurückverwandeln lassen sollte. Das war ein reizvoller Ansatz, und ich machte mich an Typenentwürfe nach dem Vorbild sparsamer Holzhäuser, wie sie damals in *Architectural Record* publiziert wurden. Die landesübliche Holzbauweise hatte sich inzwischen, vielleicht auch unter dem Einfluss von TAC, zu einem modernen Regionalismus weiterentwickelt. Das Motiv geneigter Pultdächer über differenzierten Innen- und Außenräumen mit zwischenliegenden Höfen sollte dem Bild einer *country residence* entsprechen und sich als Landhaus zwanglos in die Landschaft Neuenglands fügen. Denn hier war, im Gegensatz zu den obigen Luftschlössern, etwas außerhalb von Boston wirklich ein Grundstück vorhanden, doch kam das Vorhaben mangels Finanzierung nicht zur Ausführung.

Ein weiteres Projekt namens *The Ledges* (Bei den Riffen) war als Gegenmodell zur Zersiedelung des Landes mit Einfamilienhäusern gedacht, am Küstenstrich von Newport, Rhode Island (**Abb. 82**). Man nannte das Ganze eine *planned neighbourhood*, wobei durch kompakte Randbebauung mit Reihenhäusern ein größerer gemeinsamer Grünbereich für alle Anwohner geschaffen werden sollte anstelle der üblichen Aufteilung in identische Parzellen. Solche alternativen Wohnanlagen wurden von den etwas wagemutigeren Projektentwicklern zur Diskussion gestellt, führten aber damals noch nicht zu konkreten Aufträgen. Die meisten Gemeinden und Lokalbehörden hatten sich mit dem Charakter von *suburbia* abgefunden, obwohl die Nachteile längst bekannt waren.

Die Summe dieser meist brotlosen Unternehmungen brachte mich wieder zurück in die offenen Arme von TAC. Denn ich hatte inzwischen eine junge Familie zu ernähren. Ein letztes Abenteuer jedoch konnte ich mir nicht verkneifen: Die

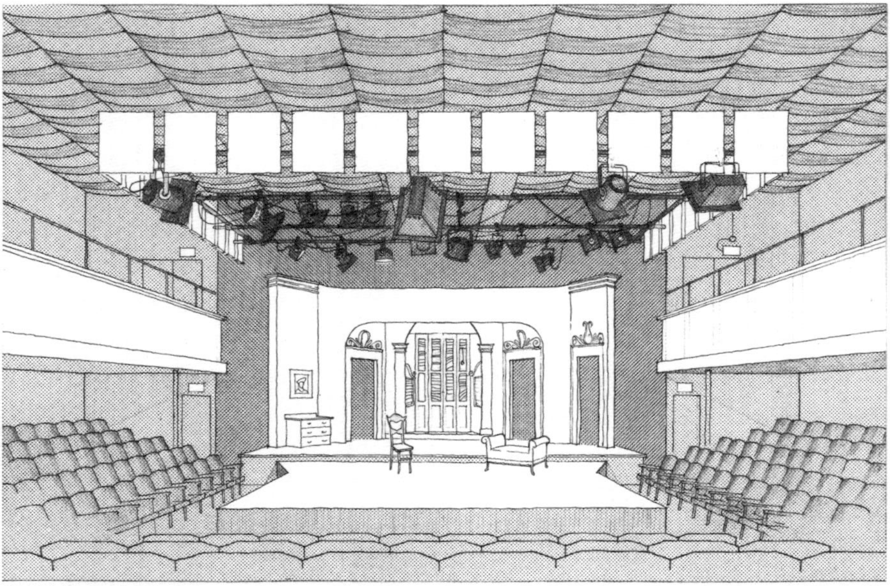

Abb. 83: Umbauvorschlag für Charles Playhouse in Boston. Entwurf des Verfassers, 1964

Vorschläge zum Umbau des Theaters Charles Playhouse in Boston (**Abb. 83**) waren Entwürfe ins Blaue hinein, nachdem ich dort das Stück von Edward Albee gesehen hatte, mit dem Titel *Oh Dad, Poor Dad, Mama's Hung You in the Closet and I'm Feeling So Sad*. Das Charles Playhouse war ein etwas heruntergekommenes Zimmertheater, das aber Potenzial zum Umbau und zu neuer Farbgebung bot. Doch der Betreiber erwies sich, trotz des fetzigen Bühnenstückes, als konservativ und zugeknöpft. Nur die Kollegen von Cambridge Seven Associates (C7A), dem jungen Nachbarbüro meines Kommilitonen Peter Chermayeff (geb. 1936), fanden meine Entwürfe *rather daring.*

VII.
JÄHRLICHES GROPE-FEST

Was das Talent zum Festefeiern anging, war das bei Gropius seit jeher eine besondere Gabe. Er hatte unter der vornehmen, eher norddeutsch geprägten Oberfläche immer auch etwas von einem Clown an sich.

Fly a kite for Grope

Bei TAC im Rang einer Institution waren die alljährlichen Feste zu Gropius' Geburtstag am 18. Mai. Sie wurden in Harvard so schlicht wie weihevoll *Grope-Fest* genannt. Dazu kamen Freunde, Bekannte und Studenten auf den offenen Wiesen am Charles River zusammen, um mit Champagner und Erdbeeren[52] nicht nur *Grope*, sondern ebensosehr sich selbst zu feiern. Ein wichtiger Teil davon war auch das große Drachensteigen (*kite flying*) auf der Wiese am Memorial Drive (**Abb. 84**), das auf frühe Bauhausfeste in Weimar zurückging und nun in Harvard eine eigene Tradition begründet hatte. Schon 1961, als ich noch in der Meisterklasse der GSD und noch gar kein runder Geburtstag zu begehen war, begann Mitte Mai eine nervöse Geschäftigkeit unter den Studenten, weil sie jetzt eine besondere Aufgabe hatten – *to fly a kite for Grope*.

Ich dachte zuerst, das sei vielleicht witzig oder metaphorisch gemeint, als ein Anflug von Poesie, so eine Art Hymnus auf den Meister, Ode an die Freude etc. Weil ich damals Schwierigkeiten mit amerikanischen Witzen hatte, vermutete ich vorschnell einen solchen, wo er gar nicht da war. Als ich verstand, dass es wirklich um Flugdrachen ging, fiel mir das Bild der Heimat ein, wo das Drachenfliegen erst im Herbst auf abgeernteten Feldern erlaubt war. Hier aber fand es im Mai statt, mit allerlei sonderbaren Begleiterscheinungen: Offenkundig auf Verabredung krochen am Nachmittag plötzlich seltsame Gestalten aus allen möglichen Ecken und Winkeln von Cambridge hervor – ausgerüstet mit bunten Flugobjekten, die sie vorsichtig und mit großem Ernst vor sich hertrugen. Man spürte, dass sich die Leute schon geraume Zeit damit beschäftigt haben mussten. Der Wind stand gut, und bald hingen die skurrilsten Apparaturen am Himmel. Aber all das geschah nahe an Straßenbäumen und ständigem Autoverkehr, sodass man sich schon Sorgen machen konnte um die zerbrechlichen Dinger da oben.

Da gab es gut gemachte kastenförmige Gebilde aus Balsaholz, bespannt mit rotem Seidenpapier, die sicher und gravitätisch in der Luft lagen (**Abb. 84**). Das waren die sogenannten *box kites* (Kastendrachen). Daneben gab es aber auch künstlerische Erzeugnisse, die nicht gut flogen und nur schlapp an der Leine hingen. Doch das war egal, viel wichtiger war die ausgelassene familiäre Stimmung, mit vielen Kindern und vor allem mit den jungen Frauen meiner Studienkollegen, die meist schon verheiratet waren. In der Meisterklasse waren ja keine *freshmen* mehr, sondern junge Familienväter – und ich fand, dass sie nicht nur gut zu ihren Frauen, sondern auch zu den bunten Drachen passten. Wie so oft in Harvard

Abb. 84: *Fly a kite for Grope*: Blick auf Cambridge mit den Wiesen am Charles River, dem Stadion und Verwaltungsgebäuden der Harvard School of Business Administration

lagen Spaß und Ernst nahe beieinander, und *Grope* hatte seit je ein gutes Gespür für festliche Geselligkeit: Hinter der seriösen Halsbinde saß ihm der Schalk im Nacken. Und hier war nicht das fliegerische Können, sondern sich gemeinsam zu amüsieren, *to have a good time,* die Devise des Tages.

Gropius' 85. Geburtstag

Die jährliche Tradition erlebte dann mit dem runden Geburtstag am 18. Mai 1968 einen landesweit zelebrierten Höhepunkt (**Abb. 85**). Der Newsletter der GSD brachte einen Festtagsbericht mit einer speziellen Würdigung durch ihren Leiter Dean Sert:

„We are here today, from far and wide, to convey all our good wishes to Dr. Walter Gropius, known to his friends and admirers as ‚Grope' or ‚Pius'. (...) Admiration and affection do not often go together. However, Grope, because he is a wonderful human being with universal interests and appeal, has been able to unite both admiration and love. Welcome, Grope, to this house

Abb. 85: Feier zum 85. Geburtstag von Walter Gropius, mit Ise (rechts) und Enkelin (?) am 18. Mai 1968 in Harvard

that is your house. You gave it new shape and vitality; you cleaned up the Hall of Casts and replaced dead teaching with things alive.

Since you left Robinson Hall many things have happened here and in the world at large. The seed you planted here is still developing. The School is larger in size, we have more problems, we have a little more money; but we are still moving toward the greater objectives you set (...).

There is an awareness today of social change that will help transform our cities, bring down many barriers, win a war on wars, a war on racism, help eradicate slums, and reshape our environment. Around the world, the students are on the move. (...) Your dreams of the twenties, dreams for a better environment in which architects and planners will join in building a better world, are materializing. (...) Architects will have to follow your broad approach and become generalists, rather than specialists. We share your faith in teamwork, but at the same time we believe we should remain architects in the broadest sense of the word and not get sidetracked, which is very easy today. Design remains our field. It is complex enough, difficult and full of promise."[53]

Am 31. Mai 1968 erschien sogar in der New Yorker Wochenzeitschrift *Time Magazine* unter der Rubrik *People* ein Bericht über die Feier zu *Grope's* 85. Geburtstag in Harvard:

„Harvard President Nathan Pusey called it ‚as festive an occasion as we've had in a long time.' Students poured into Harvard Square brandishing banners proclaiming GROPIUS FOR PRESIDENT and THERE'S HOPE WITH GROPE. Orange, green, and magenta Gropius buttons blossomed on lapels, and one admirer wrapped himself up in a flame- and gold package as a ‚present to Mr. Gropius.' Harvard's favorite-son candidate, Architect Walter Gropius, had just returned from an 85th birthday visit to his native Germany, and his disciples in Cambridge were not to be outdone in their esteem. Said Gropius, touched: This is the grand finale to two weeks of birthday parties."[54]

Die Feier fand im Hof vor der ehrwürdigen Robinson Hall statt, in der Gropius 1937 seine Lehrtätigkeit begonnen hatte und welche bis zum späteren Umzug nach Gund Hall die Heimat der GSD gewesen war (**Abb. 86**). Auf meinen Glückwunschbrief aus Kanada hin schrieb Gropius, dass leider keine *Vote for Grope*-Buttons (um die ich für meine Studenten gebeten hatte) mehr übrig seien und dass alle Besucher in Harvard Yard sie getragen hatten, sogar Harvard-Präsident Nathan Pusey.[55]

Ich war zu diesem Zeitpunkt schon nicht mehr bei TAC, sondern an der Universität von Manitoba in Kanada tätig. Beim Weggang hatte mir Chip Harkness noch angeboten, mit dem dortigen Gehalt zumindest gleichzuziehen, wenn ich bliebe, doch die neue Aufgabe reizte mich. Und er merkte schnell, dass ich nicht zu halten war. Trotzdem kehrte ich regelmäßig nach Cambridge zurück und erlebte so den Wandel bei TAC umso deutlicher.

Abb. 86: McKim, Mead & White: Robinson Hall (1900), Wirkungsstätte von Walter Gropius von 1937 bis 1952, Sitz der Harvard Graduate School of Design (GSD) bis zu deren Umzug in Gund Hall 1969

Was das Talent zum Festefeiern anging, war das bei Gropius seit jeher eine besondere Gabe. Er hatte unter der vornehmen, eher norddeutsch geprägten Oberfläche immer auch etwas von einem Clown an sich. So kannte er kleine unterhaltsame Tricks, wie zum Beispiel den, aus der geschlossenen Faust heraus einen Wasserstrahl im Pool hoch aufspritzen zu lassen. Das mochte auf den lustigen Vogel Walter Gropius und auf die jungenhaften Späße aus seiner Husaren- und Soldatenzeit zurückgehen.

Bauhaus-Symposium in Chicago

Vom 17. bis zum 19. September 1969 fand in Chicago das Bauhaus-Symposium zum 50. Gründungsjubiläum des Bauhauses statt. Es war ein besonderes Ereignis und bot Gelegenheit, viele TAC-Mitstreiter wiederzusehen, darunter Chip Harkness sowie Jean und Norman Fletcher. Das Bauhaus-Symposium war eine Wegmarke, trafen sich doch in Chicago sowohl ehemalige Bauhäusler als auch etliche neue TAC-Leute. Der alte Mythos war noch spürbar, besonders in den Vorträgen, aber der Austausch mit den neuen Mitarbeitern gestaltete sich noch um einiges inspirierender. Dazu kam die aufregende Atmosphäre von *downtown* Chicago bei diversen Stadtrundgängen – und der erregende Blick von Hochhäusern hinunter auf ein Nebelmeer, in dessen Löchern man noch viel tiefer unten das Gewimmel von Verkehr und Menschen erhaschen konnte.

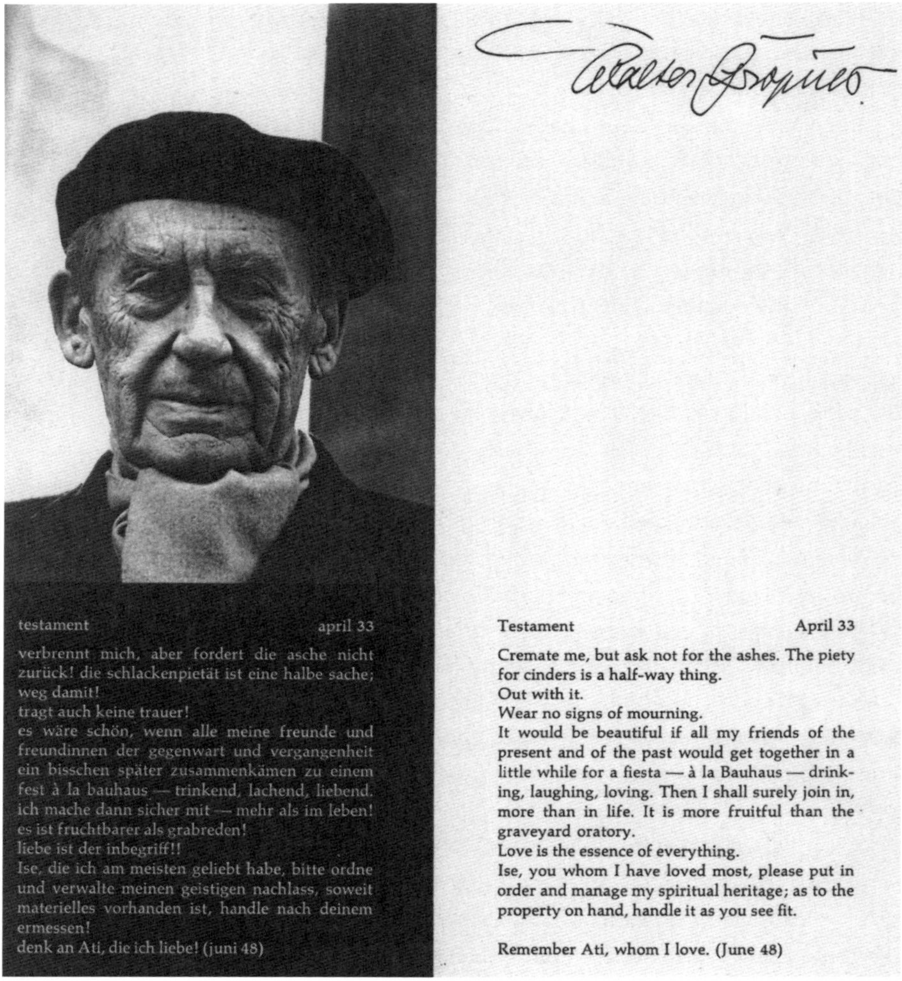
Walter Gropius

testament april 33

verbrennt mich, aber fordert die asche nicht zurück! die schlackenpietät ist eine halbe sache; weg damit!
tragt auch keine trauer!
es wäre schön, wenn alle meine freunde und freundinnen der gegenwart und vergangenheit ein bisschen später zusammenkämen zu einem fest à la bauhaus — trinkend, lachend, liebend. ich mache dann sicher mit — mehr als im leben! es ist fruchtbarer als grabreden!
liebe ist der inbegriff!!
Ise, die ich am meisten geliebt habe, bitte ordne und verwalte meinen geistigen nachlass, soweit materielles vorhanden ist, handle nach deinem ermessen!
denk an Ati, die ich liebe! (juni 48)

Testament April 33

Cremate me, but ask not for the ashes. The piety for cinders is a half-way thing.
Out with it.
Wear no signs of mourning.
It would be beautiful if all my friends of the present and of the past would get together in a little while for a fiesta — à la Bauhaus — drinking, laughing, loving. Then I shall surely join in, more than in life. It is more fruitful than the graveyard oratory.
Love is the essence of everything.
Ise, you whom I have loved most, please put in order and manage my spiritual heritage; as to the property on hand, handle it as you see fit.

Remember Ati, whom I love. (June 48)

Abb. 87: Testament von Walter Gropius, aufgesetzt 1933 mit 50 Jahren, ergänzt 1948 mit 65 Jahren

Walter Gropius hatte sich bereits 1965 vom Bürobetrieb zurückgezogen und war am 5. Juli 1969 im Alter von 86 Jahren nach kurzer Krankheit in Boston gestorben. Sein schon Jahre zuvor aufgesetztes Testament war an Kürze kaum zu übertreffen (**Abb. 87**). Noch im August 1969 hatte die Monatszeitschrift für das Baugewerbe *Constructor* eine für ein Industrieblatt bemerkenswert differenzierte Würdigung zu Gropius gebracht (**Abb. 88**).[56] Darin wird unter anderem seine

Abb. 88: *Constructor:* „Walter Gropius 1883–1969", August 1969

Abb. 89: *Bay State Architect*: „Gropius 1883–1969", August 1969

Selbsteinschätzung zitiert, die er etwas ausführlicher schon anderswo in Gesprächen geäußert hatte, er habe nur ein mittelmäßiges Talent als Architekt, sei aber in einem Punkt anderen voraus, nämlich in der Fähigkeit, Beziehungen zwischen scheinbar nicht zusammenhängenden Dingen zu erkennen. In ähnlicher Weise hatte die Zeitschrift *Bay State Architect* (**Abb. 89**) Gropius als „titan of architecture, educator and social critic" gefeiert und unter fünf Abbildungen noch einmal das berühmte Gruppenbild der TAC-Gründer (Abb. 1) gebracht.[57] Ein Nachruf des Kunst- und Architekturkritikers Wolf von Eckardt (1918–1995) im Juli 1969 für eine Zeitung in Washington fasst prägnant Gropius' immense Lebensleistung zusammen. Der Text wurde von der *Winnipeg Tribune* in Kanada übernommen und sei hier als längerer Auszug wiedergegeben:

> „Walter Gropius was 86 when he died this month. But he died a youthful man. (...) ,I'm with the students today,' Dr. Gropius said in one of his last interviews. ,Though they are not articulate enough and some radicals go too far,' he explained, ,their general trend of thought has given us a sign of new life.' (...)

Though Bauhaus students did not wear their hair long, their dress and behavior, often to Dr. Gropius distress, was also deliberately anti-conventional. Their frolics were wild, though wildly creative. At one costume ball, whose theme was ‚slogans,' a girl appeared as ‚Naked Truth.' And the hippies of today would have been quite at home at the Weimar jam sessions or kite festivals of nearly 50 years ago. (...)
Throughout his life, he kept faith with the young because he kept faith with the future. Yet, even then, in those rough revolutionary Weimar days, Dr. Gropius in appearance and dress respected the conventions of his age.
No one, in fact, could have been further from a Bohemian than this emancipated Prussian with his meticulous work habits and uncanny power of concentration of the work, subject or person at hand.
His years, of course, showed at the end. But even in the slightly bent octogenerian, you could still see ‚the extraordinarily handsome German who would have been well cast as Walter von Stolzing in 'Die Meistersinger,' as his first wife, the magnetic widow of the composer Gustav Mahler, described him in her memoirs. (Alma Mahler soon left Dr. Gropius to marry the writer, Franz Werfel.)
Yet, even in the dignity of his age, Walter Gropius remained youthful because his life style, his architecture, his educational innovations and his prophetic philosophy on teamwork and environmental design remained young and valid.
He never ceased to be fascinated by the wonders of this earth – the flowers and birds around his house in Lincoln, Massachusetts, or the explosion of spring in the Arizona Desert where, with Mrs. Gropius, he liked to vacation and, even past 80, ride horseback for as long as five hours a day.
Friends say attractive women were among the fascinating wonders. But the dominant fact instantly sensed by the women in Dr. Gropius' orbit was that he was deeply in love with his second wife, Ise. It was love at first sight, too. Ise had been his constant companion since the Weimar days. (...)
There is no Gropius style. He abhorred the very idea. This sets him apart from the other shapers of modern architecture – Frank Lloyd Wright, Le Corbusier and Mies van der Rohe. Their work, though its eloquence influenced all modern architects, including Dr. Gropius, is highly personal.

Dr. Gropius thought personal expression ‚an arrogant misapprehension' of the architect's task. He saw ‚buildings not as monuments but as receptacles for the flow of life which they have to serve.'

And it is out of this architectural philosophy, the notion, if you will, that architecture is too imortant to be left to the personal, creative whim of one ‚formgiver' alone, that he insisted on teamwork. (...)

And never, perhaps, in all those phases of his life and work, was his architecture more youthful, more relevant than in the teamwork of the architects' collaborative which he formed in 1946. (...)

TAC has grown into one of the most successful firms in the country. And almost to his end Dr. Gropius went to work in its modest offices at Cambridge, Massachusetts, every day.

And this modesty, in turn, stems from the core of Dr. Gropius' philosophy which, though he first formulated it almost half a century ago, is still too young to be fully comprehended. He had said at the first Bauhaus exhibition in 1923:

‚... The old dualistic world-concept which envisaged the ego in opposition to the universe is rapidly losing ground. In its place is the rising idea of a universal unity in which all opposing forces exist in a state of absolute balance. This dawning recognition of the essential oneness of all things and their appearance endows creative effort with a fundamental inner meaning. No longer can anything exist in isolation ...'

The idea is, of course, not a Gropius exclusive. It is akin to the ‚gestalt' or total approach in psychology, art, the humanities and the environment. It is the essence of everything we hear these days about ecology and the still vaguely defined ‚new humanism' (...).[58]

Nun wurde das Bauhaus-Symposium in Chicago auch zu einer Hommage an Gropius, sowie an seine Frau Ise, die als Witwe gekommen war. Gropius hatte nie viel von Grabgesängen oder „Schlackenpietät" gehalten, wie er das nannte; so überwog auch hier die Freude über zahlreiche Wiederbegegnungen. Leonard J. Currie (1913–1996), der 1938 zu Gropius' ersten Studenten gehörte, 1946–51 bei TAC gearbeitet hatte und jetzt Dekan am College of Architecture and Art der University of Illinois am Chicago Circle war, erwies sich als glänzender Gastgeber. Er war von jener einnehmenden Spontaneität und Offenheit, welche die frühen TAC-Leute verband. Etwas später schrieb er zur Ausstellung *GSD Design Education: The Gropius Era and Current Methods* die folgende Würdigung:

> „Aus meiner Sicht war das Grundkonzept aller Lehren, die wir von Gropius gelernt haben, dass Mensch, Natur und Humanität jeweils in ihrer Ganzheit betrachtet werden müssen, und (alle drei) zusammen als eine Einheit. In einer Welt, in welcher der Zusammenfluss der Kräfte uns zu immer größerer Fragmentierung, Zersplitterung und Spezialisierung zwingt, verkörperte Gropius das Prinzip der Ganzheit des Menschen und dessen, was er erschafft – die Einheit von Kopf, Hand und Herz."[59]

Die Vorträge zum Chicago-Symposium kreisten nicht zuletzt um die wunderbaren Feste, die am Bauhaus und auch später noch in Harvard Yard als *Grope-Fest* am 18. Mai gefeiert wurden. Eine Rednerin, ich glaube es war Elizabeth Paepke, sprach mit viel Verve über die Gründungstage des *New Bauhaus* in Chicago unter László Moholy-Nagy, als man sich ausgerechnet unter den Räumen der *Chez Paree Adorables*, einer etwas anrüchigen Cabaret- und Tanzgruppe, an der Prairie Road eingerichtet hatte.

Wir, die jüngeren und älteren Mitarbeiter aus Boston, zogen Vergleiche zu den Werken von José Luis Sert, bei dem ich 1960/61 studiert und anschließend bis 1962 gearbeitet hatte, und zur Arbeit von Gropius beziehungsweise TAC. Wir waren uns einig, dass Sert der begabtere Architekt war, auch wenn einige seiner Formen „angestückelt" wirkten. Seine Bauten für Boston University und für das Harvard Married-Students'-Housing-Projekt waren damals in aller Munde. Aber wir waren uns ebenso einig, dass Gropius immer noch, so oder so, der geistige Übervater war, ohne den nichts von alledem möglich gewesen wäre.

Bereits als ich 1964 noch bei TAC war, gab es etliche neue Mitarbeiterinnen, die den Betrieb aufmischten und mit eigenen Ansichten hervortraten. Von diesen war eine auch zum Symposium nach Chicago mitgekommen. Sie hatte etwas Evangelikales an sich, war vom Typ *blooming milk maiden*, in etwa „Unschuld vom Lande", und stammte aus dem Mittleren Westen. Sie pflegte im Büro handschriftliche Rundbriefe herumzuschicken, des Inhalts, was man heutzutage in und für die Welt alles tun sollte (Genaueres habe ich vergessen). Aber der stereotype Schlusssatz ihrer Rundbriefe *Let's spread the message!* steht fest in der Erinnerung. Ich überlegte noch, ob *Grope* oder wir armen Kerle bei TAC denn wirklich so etwas wie eine spezielle Botschaft an die Welt hatten, und wenn ja, welche.

Oder ob das alles nur die Rede einer überspannten Missionarin war. Aber allein der Umstand, dass jemand von außen eine solch höhere *message* mit TAC verband, gab zu denken.

Echo in Kanada

Parallel zum Chicago-Symposium erhob sich eine machtvolle Stimme nördlich der Grenze in Kanada: Dort kam ein erfrischender Dialog über die Moderne in Gang, die man, angesichts der sterilen Monumentalität vieler innerstädtischer Neubauten, einer allgemeinen Neubewertung beziehungsweise einer Rückbesinnung auf die Wurzeln unterzog. Die Fachzeitschrift *Architecture Canada* – das offizielle Organ des Royal Architectural Institute of Canada – beging das 50-jährige Bauhaus-Jubiläum mit einem Paukenschlag, indem sie die Umstellung der Zeitschrift auf ein zeitungsähnliches Großformat mit drei fundierten und bestens bebilderten Beiträgen zum Bauhaus verband. Die einleitenden Worte des Herausgebers Jack Diamond sollen hier nicht fehlen:

> „Um das Bauhaus zu verstehen, muss man sich zunächst daran erinnern, dass es eine deutsche Schöpfung war; seine Anliegen waren traditionelle deutsche Anliegen wie Ganzheitlichkeit, totale Ordnung, arische Reinheit, intellektuelle Abstraktion und eine alles umfassende Theorie. (...) Zum zweiten sollte man die Theorien und Konzepte des Bauhauses als Paradoxe sehen: Wenn seine Protagonisten von Technologie sprachen, meinten sie Kunst; wenn sie (die Einheit von) Architektur, Bildhauerei und Malerei ausriefen, war das Ergebnis eine Zersplitterung und wachsende Feindschaft zwischen diesen Feldern; wenn sein Bestreben war, den industriellen Prozess zu ‚rationalisieren', wurde er handwerksorientiert; wenn es Maschinenarchitektur machte, tat es das mit der Hand, und das Bauhaus hatte unter Gropius keine Architekturschule."[60]

Diese Deutungen und Anwürfe sind uns heute nicht neu, doch brachten sie im Klima der 1960er Jahre einen besonderen Ton in die Debatte um das wiederentdeckte Bauhaus. Der streitlustige Herausgeber Jack Diamond wusste sich stets lässig zu vermarkten, ließ aber auch durchblicken, dass man nicht alles, was er sagte, *at face value* nehmen sollte. So standen sicher nicht „totale Ordnung" oder gar „arische Reinheit" auf der Agenda des Bauhauses. Gleichwohl bediente er mit solchen Kostproben gewisse Klischee-Vorstellungen, die man im angelsächsischen Raum gerne mit „teutonischen" Themen verband. Doch hatte er auch etwas von einem Eiferer an sich und bemerkte später im Gespräch mit Teilnehmern der Konferenz, man dürfe über das Bauhaus eigentlich nur mit dunkler Stimme und einem stark gutturalen deutschen Akzent sprechen! Wie auch immer, die neue Architektur Kanadas sollte nicht bloß „modisch-modernistisch", sondern wirklich zeitgemäß – *contemporary in the true sense of the word* – sein. Das rege Interesse an dieser Debatte zeigte sich im großen Zulauf für die Bauhaus-Ausstellung 1969 in der Art Gallery of Ontario.

Unterdessen war es kein Zufall, dass selbst in den USA das manchmal belächelte nördliche Nachbarland stärker in den Fokus geriet. Der charismatische Pierre Elliot Trudeau wurde vielfach als eine Art wiedergeborener John F. Kennedy wahrgenommen, die kanadische Umwelt- und Planungspolitik schien Alternativen zum Kurs der USA zu bieten. Ise Gropius schrieb 1972 an den Verfasser über ihre Reise nach Ottawa, zu einer Bauhaus-Ausstellung, die 1971 von Berlin aus über mehrere Länder Europas bis nach Montreal gegangen war. Ise schrieb vom optimistischen Geist Kanadas, „wie man ihn in den hiesigen (amerikanischen) Großstädten fast nie mehr findet", von der Stadtplanung Ottawas, „wo noch nicht alles ruiniert ist und wo sich die Regierung rechtzeitig um Grüngürtel Sicherstellung gekümmert hat", und von der Sauberkeit der kanadischen Städte allgemein.[61]

VIII.
SPÄTZEIT

Dass sich das Büro zunehmend auf rein kommerzielle Großprojekte einließ, wurde von Kritikern bemängelt, ja, schon als Verrat am sozialen Impetus der Frühzeit empfunden.

Abb. 90: Clark Art Institute Building, Williamstown, Mass., TAC mit Pietro Belluschi, Haupteingang, 1973

Spätere Projekte

Es ist hier nicht der Ort, alle Projekte der späteren Jahre anzuführen, doch soll eine Entwicklungstendenz aufgezeigt werden. So gab es für TAC nach Gropius' Tod einige Aufgaben von imposanter Größe und Wirkung. Das Clark Art Institute Building (1973, mit Pietro Belluschi) folgte schon nicht mehr dem offenen Stil der Campusbauten aus den 1960er Jahren, der manchmal auch als *institutional style* bezeichnet wurde, sondern gab sich als ein streng geschlossenes, festungsartiges Gebilde, vergleichbar einer Betonburg mit schießschartenähnlichen Fenstern (**Abb. 90**). Nur die schwebende Dachplatte erinnert noch an die frühere Formensprache. Es war die Abkehr vom tektonisch ablesbaren Gerippe mit eingestellten Ziegelwänden, hin zur blockhaften, monolithischen Großform. Sie sollte in den USA alsbald zum Sinnbild machtvoller Präsenz werden, die man mit dem etwas nebulösen Begriff *corporate architecture* verband.

Abb. 91: AIA Headquarters Building, 1971–1973, Außenansicht

Das AIA Headquarters Building in Washington, D. C. (1973) bekam viel Lob als eine großartige Referenz an den vorgelagerten Altbau und Stammsitz des American Institute of Architects, das sogenannte *Octagon House*. Der von Norman Fletcher und Howard Elkus (1938–2017) in TAC entworfene Erweiterungsbau war ein konkaver mehrgeschossiger Riegel, der das historische Juwel wie eine große bergende Hand umfasste (**Abb. 91**). Ohne diesen sinngebenden Fokus wäre das nur ein weiterer, wenn auch gut gemachter Bürobau geworden. Doch die bergende Geste war durchaus neuartig, ein starker Impuls, der indirekt auch zur Neubewertung historischer Bausubstanz allgemein führte beziehungsweise zur kreativen Auseinandersetzung damit anderswo. Allerdings geht die ursprüngliche Idee dieses originellen Entwurfes auf Romaldo Giurgola (1920–2016) in Phil-

Abb. 92:
Johns-Manville World Headquarters, Jefferson County, Colo., 1. Preis in US-weitem Wettbewerb

adelphia zurück, der den Wettbewerb gewonnen, sich anschließend aber mit den Auftraggebern überworfen hatte.

Die Johns Manville Headquarters in Jefferson County, Colorado (1973–76) gehen noch einen Schritt weiter und wirken, im Vergleich zu früheren Werken, wie der Aufbruch in eine neue Zeit (**Abb. 92**). Das Ergebnis eines US-weiten Wettbewerbs überspannt als wagemutige „Geländebrücke" eine Senke im Vorgebirge der Rocky Mountains nahe Denver. Dieses *corporate office building* von über einem Kilometer Länge behaust – als Sinnbild seiner Gattung – nicht weniger als 1.900 Angestellte auf sieben Stockwerken, komplett mit Konferenzräumen, Cafeteria, Bibliothek, Trainings- und Erholungsräumen. Der krönende zweistöckige Bürobügel im Obergeschoss überfängt elegant die unteren, in die Senke eingebetteten Sozialeinrichtungen der übrigen Geschosse. In Umkehrung der üblichen Anordnung wurden die vielen Parkplätze auf dem Dach des langen Bürotraktes untergebracht, mit Zufahrt von hochliegender Straße. Hier wurde also der übliche Bürohaustyp auf den Kopf gestellt. Es war ein Entwurf, den Gropius nicht mehr erlebte, der ihm aber in seiner souveränen Radikalität und Kompromisslosigkeit zugesagt haben dürfte. Der Entwurf bezeugt auch die Vitalität von TAC, das nach dem Tod von Gropius 1969 keineswegs stagnierte, sondern sich stetig weiterentwickelte bis etwa 1980. Im Jahr 1979 wurde die obige Anlage verdientermaßen mit dem *AIA Honor Award* ausgezeichnet.

Was schiere Größe angeht, muss hier aber auch – leider – Copley Place (1984) in Boston genannt werden, ein riesiger Mischkomplex bestehend aus weiträumigen Ladenflächen, Kino, Hotel und vielen Büros. Als ich die ausufernde Anlage besuchte und die TAC-Kollegen darauf ansprach, darunter Roland Kluver, hieß es nur kurz, aber bereitwillig: „Yes, it's big, more than anything else." Dass sich das Büro zunehmend auf rein kommerzielle Großprojekte einließ, wurde von Kritikern bemängelt, ja, schon als Verrat am sozialen Impetus der Frühzeit empfunden.

Botschaftsresidenz in Argentinien

An dieser Stelle lohnt sich der Blick zurück auf ein ungewöhnliches Projekt, das schon Ende der 1960er Jahre konzipiert worden war, aber leider nicht zur Ausführung kam: die Residenz des Deutschen Botschafters in Buenos Aires, Argentinien (1968) (**Abb. 93**): Hier war TAC noch ganz bei sich, mit einem gleichzeitig kraftvollen und einfühlsamen Entwurf, den Gropius mit Alexander Cvijanovic und dem argentinischen Architekten Amancio Williams (1913–1989) bearbeitete. Ein großer baumbewachsener Park im Stadtzentrum gab das Grundstück, doch war den Stadtvätern von größter Wichtigkeit, dass der Fußgängerblick nicht durch das neue Gebäude eingeschränkt würde. So verlangte der Entwurf, dass das Erdgeschoss tiefergelegt und das Obergeschoss um sieben Meter bis zu den Baumwipfeln angehoben werden sollte. Die umliegenden Bäume sollten als integraler Teil von Entwurf und Landschaft erhalten und sichtbar bleiben. Und insbesondere sollte das Dach des tieferliegenden Gebäudeteils zur Gänze begrünt werden, um ein Gefühl von Durchgängigkeit mit der Parkumgebung zu schaffen.

Somit beschränkte sich der Bau auf wenige elementare Volumina, die dem natürlich durchlaufenden Parkgelände größte Freiheit ließen. Das aufgestän-

Abb. 93: Deutsche Botschaftsresidenz, Buenos Aires, Argentinien, 1968, Modellansicht

derte Hauptgebäude bestand lediglich aus zwei pfeilerartigen Stützbauten mit einem aufliegenden Querriegel und war so auf die denkbar einfachste skulpturale Grundform reduziert. Es war eine kraftvolle, appellative Figur, die von Ferne sogar an das große „T“ des Architekturbüros TAC erinnerte, indirekt, und so gleichzeitig anonym und doch edel zurückgenommen wirkte.

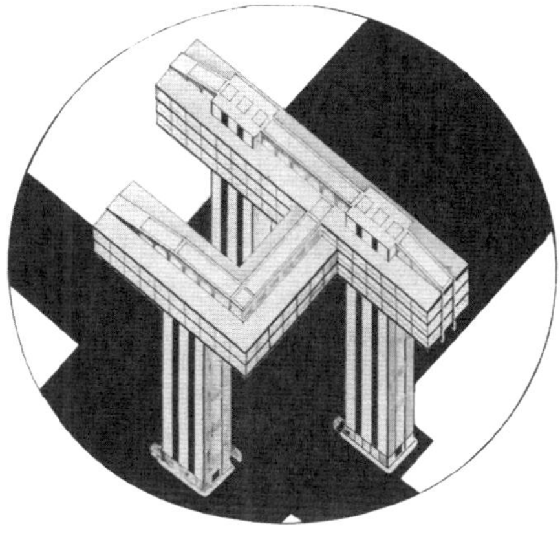

Abb. 94: El Lissitzky: *Wolkenbügel*, 1924

Das Konzept war ähnlich wagemutig wie El Lissitzkys „Wolkenbügel“ (**Abb. 94**) von 1924, den er als Zukunftsprojekt für Moskau gezeichnet hatte. El Lissitzky (1890–1941) war Schüler von Kasimir Malewitsch (1878–1935) aus der Malerschule der Suprematisten der russischen Avantgarde:[62] Deren Maler hatten die schwebende Dynamik in den stereometrischen Körpern der ersten Aeroplane bewundert. Auch das zwei Jahre später entstandene Bauhausgebäude von Gropius in Dessau (1926) begreift sich in seiner kubisch-geometrischen Abstraktion als Raumskulptur. Dabei wird eine schwebende Wirkung nicht wie im „Wolkenbügel“ durch zwei Aufzugstürme erreicht, sondern indirekt durch das zurückgesetzte, verschattete Sockelgeschoss und dessen grauen Anstrich.[63]

Zurück zum Argentinienprojekt: Ich ertappte mich bei dem Gedanken, was aus TAC hätte werden können, wäre es diesen Weg weitergegangen. Denn die Verschmelzung mit der Landschaft war hier endlich einmal „groß gedacht“. Der Bau – oder das, was davon nach seiner räumlichen Reduktion noch übrig war – ließ an eine große Skulptur in der Landschaft denken. Es waren die Hohlräume, mehr als die Massen, die hier sprachen. Ja, die weitgehende Auflösung der Baumassen führte schon in die Nähe von *Land Art*, die in jenen Jahren Furore machte. Zurückgenommen bis fast auf einen „Nichtbau“ hätte das Gehäuse, in meiner Vorstellung, sehr gut die reine Idee einer deutschen Botschaftsresidenz im Ausland verkörpert. Es war der seltene Fall einer gelungenen Symbiose zwischen Landschaft und Bauwerk, wobei beide Teile zu ihrem Recht fanden. – Doch dazu kam es nicht. Die örtlichen Auseinandersetzungen um das Parkgelände brachten das Projekt zu Fall. Bezeichnenderweise hat James Marston Fitch, in

Zusammenarbeit mit Ise Gropius, gerade dieses vielversprechende Projekt an das Ende des Ausstellungkataloges gestellt.[64]

Gropius' 100. Geburtstagsfeier

Am 18. Mai 1983 feierte TAC den 100. Geburtstag von Gropius – traditionsgemäß mit Champagner und Erdbeeren. Aber es blieb nicht bei dieser Party. Vom selben Tag an bis Ende Juni veranstalteten TAC, die GSD, die Boston Public Library und das Goethe-Institut gemeinsam eine Reihe von Vorträgen, Ausstellungen und Filmvorführungen zu *Grope's* Werk und Gedankenwelt. Am 20. Mai war das Büro TAC geschlossen. Man feierte auf einem Symposium mit vier Gründern der Architektenpartnerschaft das Ereignis: John Harkness, Norman Fletcher, Sarah Harkness und Louis McMillen, alle seit fast 40 Jahren aktiv in TAC, gaben persönliche Erinnerungen und Anekdoten zum Besten.[65]

Den Hauptvortrag begann James Marston Fitch (1909–2000) von der Columbia-Universität mit einem flammenden Bekenntnis: „I remain an iron-headed functionalist." Das war natürlich eine Spitze gegen die sogenannte Postmoderne, die damals manche Glaubenssätze der Klassischen Moderne in Frage stellte. Fitch hatte, nicht nur mit dem oben erwähnten Ausstellungskatalog von 1972, während vieler Jahre den späten Einzug der Moderne in Nordamerika begleitet – „so long delayed that Hitler had already destroyed the Bauhaus".[66] Gleichzeitig hatte er sich als streitbarer *preservationist* schon frühzeitig für Denkmalschutz und Stadterhaltung eingesetzt und sogar über Behausungsformen der Urbevölkerung geschrieben.[67]

Ein weiterer Referent, Rifat Chadirji (geb. 1926) aus Bagdad, sprach vom notwendigen Einsatz aller Menschen, nicht nur der Künstler, für die Kunst in einer Demokratie – ein Anliegen, das Gropius zeitlebens beschäftigt hat. Es ist bemerkenswert, wie in dieser Veranstaltungsreihe versucht wurde, im Gedenken an Gropius das lebendige Erbe der Moderne mit den (damals) neuen Strömungen von Altbauerhaltung und Umweltschutz in Einklang zu bringen.

Parallel zu diesen Feierlichkeiten erschienen in Deutschland verschiedene Zeitungsartikel aus demselben Anlass. Die *Badische Zeitung* bedauert die „Kontaktsperre der postmodernen Architekten-Generation zu den Vätern":

> „An Gropius allein läßt sich sicherlich nicht die Geschichte der Moderne studieren, aber die Wiedererinnerung an die Ideengeschichte seiner Arbeit macht die Schräglage des postmodernistischen Selbstbewußtseins

drängend deutlich. (...) Gropius war vieles und vieles zugleich: Architekt, Designer, Innenausstatter, Lehrer. Er war nicht der Hohepriester des Anonymen, nicht der kalte Rationalist. Er beharrte auf Ausdrucksformen auch da, wo er sich ganz dem Primat der Funktion unterwarf. Gropius blieb vor allem Zeitgenosse, der auch aus den Widersprüchen seiner Zeit nicht zu fliehen bereit war. Und gerade darin unterscheidet er sich von seinen postmodernen Nachfahren, die ohne Zukunft die Gegenwart mit dem Glauben an die angeblich bessere Vergangenheit meistern wollen."[68]

Der Artikel beleuchtet Gropius' Verdienste um Städtebau und Siedlungswesen ab 1928 als Versuche der Industrialisierung des Hausbaus gegen die Wohnungsnot der Zeit; aber er verschweigt auch nicht den „Selbstanspruch, als Gestalter zur Bereinigung sozialer Gegensätze beitragen zu müssen und zu können, gegen die Erfahrung, dass aus den typisierten Wohnvorschlägen eben genau nicht der erhoffte individuelle Nutzen zu ziehen war."

Die *Süddeutsche Zeitung* widmet sich dem „Wanderprediger der Moderne", der in der Abwehr der ständigen Polemiken gegen das Bauhaus und die dort gelehrte neuartige Kunstauffassung kaum noch Zeit zum Bauen fand und selbst fast nie dort unterrichtete. Und „der Versuch (...) eine neue ‚optische Kultur' gegen den Historismus des 19. Jahrhunderts, auf der Basis der naturwissenschaftlich-technischen Lebenswelt zu erschaffen, ist sicher in vielen Punkten gescheitert; aber Gropius hat Möglichkeiten aufgewiesen, die besonders in ihrer sozialen Bedeutung noch lange nicht eingelöst worden sind."[69]

Im Übrigen fällt auf, dass für die deutschen Blätter der Teamgedanke von TAC als ein lebendiges Kollektiv – und immerhin Unternehmen von Weltrang – keine besondere oder erwähnenswerte Bedeutung hatte, ja, so die typische Diktion, „nicht an die früheren Erfolge (von Gropius) anknüpfen konnte".[70] Wieder schimmerte das seltsame alte – deutsche? – Vorurteil hindurch, dass die Leistung einer Gruppe niemals diejenige eines Individuums erreichen kann. Dagegen wurde Gropius als historische Person, wie schon häufiger, als einer der „vier großen Schöpfer der modernen Architektur" neben Frank Lloyd Wright, Ludwig Mies van der Rohe und Le Corbusier gefeiert. Manchmal klang das schon fast so, als hätte es The Architects Collaborative nie gegeben. Und wieder musste ich denken, wie viel stärker und selbstverständlicher der Teamgedanke in der angelsächsischen Welt verwurzelt war. (Fehlte es den Deutschen vielleicht einfach an Lebenserfahrung?)

IX.
ABENTEUER NAHOST

Aber die internationale Formensprache von TAC schien sich wie von selbst dem kubischen Erscheinungsbild von Berber-Burgen anzunähern.

Abb. 95: Universität Bagdad, Irak, 1966, zentraler Bereich, Modellfoto

Riskante Projekte – ein Rückblick

Um die Tragweite des langjährigen Engagements von TAC in Nahost zu verstehen, ist es geboten, hier noch einmal zur Frühzeit des Büros zurückzukehren. Denn was 1957 sehr vielversprechend begonnen hatte, sollte später zu einem finanziellen Abenteuer für TAC werden. Das Büro war bereits 1964 zu einem global agierenden Großbetrieb gewachsen und konnte zuletzt auf eine 25-jährige Erfahrung in der Krisenregion zurückblicken. Dabei war der Anfang noch ein Paukenschlag gewesen – nämlich der pauschale Planungsauftrag für eine neu zu gründende Universität in Bagdad mit 12.000 Studenten (1957–60) (**Abb. 95**). Das Projekt war Teil eines ehrgeizigen Modernisierungsprogramms unter dem *Iraq Development Board*. Der Campus auf einer Halbinsel – idealtypisch gefasst durch einen großen Bogen des Tigris – sollte insgesamt 273 Bauten umfassen, vom Auditorium mit 5.000 Plätzen bis zu den Häusern der Professoren (**Abb. 96**). Dazu Gropius, in der Hochstimmung jener Jahre:

> „Es ist ungewöhnlich in einer Architektenkarriere, jemals die Gelegenheit zum Entwurf eines großen Gebäudekomplex auf leerem Grundstück zu

Abb. 96: Universität Bagdad, Irak, 1966, Campusplan

> bekommen, sodaß man in der Lage ist, die Beziehungen zwischen Gebäuden und allen Elementen des Geländes festzulegen, dann gleich mit den Werkplänen für das Ganze fortzufahren und dabei jedes Detail zu kontrollieren. The University of Bagdad war genau eine solche Gelegenheit. Sie begann mit einer ganz unprogrammatischen Idee: Zwei Schreibmaschinenseiten waren alles, was wir vom Bauherrn als Anleitung erhielten."[71]

Der Auftrag war Gropius kurz nach seinem 75. Geburtstag erteilt worden, ganz unbürokratisch und mit weitgehender Planungshoheit. Bereits die duftigen *renderings* zu dem Projekt aus Helmut Jacobys (1926–2005) renommiertem New Yorker Zeichenbüro hatten einen gewissen exotischen Reiz (**Abb. 97**). Sie begegneten mir schon während des Studiums an der TH München. Die Vorstellung, internationale Leitbilder der Moderne auf diese Weise ganz bewusst mit ortstypischen Elementen zu vereinen, sie also regional zu verankern, hatte mich gereizt und zum ersten Brief an Gropius bewogen. Allerdings hatte ich verschwiegen,

Abb. 97: Universität Bagdad, Irak, 1966, Schaubild von Helmut Jacoby, zentraler Bereich

Abb. 98: Universität Bagdad, Irak, 1966, Schaubild von Helmut Jacoby, schattige Gasse auf dem Campus

Abb. 99: Gropius vor dem Fakultätsturm der Universität Bagdad, Irak, 1966

dass es nicht eigentlich die Gebäude waren, die mich bewegten, sondern eher das Gegenteil, nämlich deren geschickte Wegnahme beziehungsweise Verschattung durch allerlei tropisch anmutende Elemente, welche man sich zu Hause in Cambridge und New York ausgedacht hatte (**Abb. 98**): Weite Dachüberstände, von Palmen beschattete Wege, kubisch herausgearbeitete geschosshohe Verandakästen, *brises soleil*, allerlei Lamellen und ausstellbare Jalousetten etc. in bunter, einigermaßen fantasievoller Mischung: Je nach Orientierung sollten diese schon fast liebevoll arrangierten Elemente im Verein mit schmalen Gassen die Studenten und Lehrer vor extremer Sonnenstrahlung und Hitze schützen.

Außerdem wurde reichlich Wasser als wichtiges Symbol arabischen Lebens für Springbrunnen und Kanäle genutzt, wozu das Nass aus einem umlaufenden Kanal über das gesamte Gelände gepumpt werden sollte. Es war also nicht in erster Linie die „Moderne", die hier überzeugte, sondern das lebensnahe Netzwerk kleinräumiger Beziehungen zwischen Mensch und Umwelt (**Abb. 97**). So wirkte die Bodennähe zu Wasserspielen, zu sachte abgetreppter Pflasterung und üppiger Vegetation vor flirrenden Fassaden viel realer und menschengerechter als die Bauten selbst, auch wenn Kritiker des Jacoby-Stils diese Elemente als bloß schmückendes Beiwerk abtaten.

Es war die Summe dieser kleinen, raumgebenden Erfindungen, die hier überzeugte, sehr viel mehr als zum Beispiel das aufgestelzte, käfigartige Hochhaus (**Abb. 99**), welches TAC im Sinne der Zeit oder in Analogie zu Venedig als städtebauliche Dominante für notwendig erachtete. Die Schaubilder waren alle eher brav gezeichnet, jeder Baum mit all seinen Blättern (wie für Jacoby üblich). Und doch war da etwas milde Anarchisches in den Bildern, im Gegensatz zum damals gängigen, zwanghaft nüchternen Erscheinungsbild der Moderne. Natürlich entging uns nicht der vielleicht etwas gefällige US-geprägte Habitus solch „erzählender“ Schaubilder, die ja in der Regel nicht nur dem Vergnügen von Bauherren, sondern vor allem *fund-raising purposes* dienen sollten – also der Einwerbung einer Finanzierung. Später erfuhr ich, dass Jacoby in den 1950er Jahren selbst Schüler von Gropius an der GSD gewesen war.[72]

Die Tragkonstruktion aus Sichtbeton wurde mit vorgefertigten Füllerpaneelen aufgelockert, wodurch ein vielfältiges Erscheinungsbild im Wechsel zwischen schalungsrauen Oberflächen, einer *bush-hammering*-Veredelung und weißem oder grauem Zement entstand. Eine Abfolge starkfarbiger Wandflächen setzte lebhafte Akzente auf dem Campus und bot Orientierung. – Später sollte sich zeigen, dass eine solche „regionale“ Formensprache bei den „Beschenkten“ anderer Länder nicht unbedingt gut ankam, ja, schnell als postkoloniale beziehungsweise *patronizing attitude* westlicher Architekten beargwöhnt wurde, die den Bauherren ihre erstrebte knallharte Moderne nicht gönnen wollten. Isaacs schreibt, dass Gropius schon auf seiner Japanreise 1954 ähnliche Erfahrungen gemacht hatte, als ihm einige junge Hörer unterstellten, er wolle sie mit seiner Begeisterung für altjapanische Holzbaukunst zur *folk art,* also zu einer volkstümlichen Handwerkskunst zurückführen.[73]

Der Entwurf für die Universität Bagdad war aber in bester Absicht entstanden. Ein inspiriertes Team umfasste neben Gropius Louis McMillen, Morse Payne, Richard Brooker, Peter Morton und Robert McMillan. Die Unterrichtsbauten waren locker und nicht ohne Charme um einen zentralen Platz von der Größe der Piazza San Marco in Venedig gruppiert, wobei drei allgemeine Areale mit flexibler Raumnutzung um feste Verwaltungskerne gelagert waren. Die Nähe und Austauschbarkeit dieser Unterrichtsareale sollten den Ideenaustausch zwischen Studenten verschiedener Disziplinen und so die Breite intellektueller Entwicklung jenseits aller Spezialisierung fördern: Ein schönes Ideal! Im Grunde lief das auf die Auflösung festumrissener Fakultäten hinaus, und ich musste wieder denken, wie sehr doch TAC vom Segen des kollaborativen Gedankens durchdrungen war.

Doch als ich 1962 zu TAC kam, wurde das Projekt nur noch mit Vorsicht erwähnt. Die Bauarbeiten hatten zwar im selben Jahr begonnen, trotz instabiler politischer Verhältnisse, wurden aber immer wieder verzögert, bis schließlich die noch ausstehenden Honorarzahlungen in beträchtlicher Höhe von der irakischen Regierung eingefroren wurden, wodurch TAC in erste finanzielle Schwierigkeiten geriet.

Abb. 100: Universität von Tunis, Tunesien. Bibliotheksgebäude der juristischen Fakultät, 1964

Universität Tunis

In der Folge gab es auch ein Projekt für die Neugründung der Universität in Tunis (1963/64). Es wurde eigentlich vom Zweigbüro in Rom unter Louis McMillen bearbeitet, doch hatte ich Gelegenheit, arbeitsteilig mit Rom ein Modell und perspektivische Schaubilder dazu bei Chip Harkness in Cambridge zu bearbeiten. Hier ging es um den Bibliotheksbau der School of Law, der nach bewährtem Muster aus geschlossenen Eckbauten, einer offenen Mitte und einer schwebenden Dachplatte bestand (**Abb. 100**). Die massiven Eckbauten für die Büchermagazine hatten nur schmale Fensterschlitze – wie die Lehmburgen im Atlas –, während die großen Glasflächen des Lesesaals durch abgehängte Sonnengitter aus Edelholzlamellen geschützt waren. Das Wechselspiel offener und geschlossener Flächen sah ganz passabel aus und war sogar, wie ich fand, durchaus „wüstentauglich". Dabei hätte ich wissen müssen, dass Tunis keineswegs in der Wüste lag.

Aber die internationale Formensprache von TAC schien sich wie von selbst dem kubischen Erscheinungsbild von Berber-Burgen anzunähern. Ich erwog noch, die Eckbauten ganz bewusst „mit Anzug" zu versehen, sie also wie antike

Säulen leicht schräg nach oben zu führen anstatt lotrecht; doch ein prüfender Blick von Chip Harkness stoppte diesen Ausflug in nordafrikanische Maurerkunst.

Das Schaubild sollte die TAC-typischen Formelemente für regionales Bauen in einem einzigen Bild zusammenführen, komplett mit „arabischen" Staffagen und vom Wüstenwind angewehtem Laub (**Abb. 101**). Die absichtlich sehr rauh und unregelmäßig gestaltete Frontseite der auskragenden Dachplatte fand Chip „a bit heavy", was ich mit „powerful" konterte. Er quittierte das lächelnd. Das Detail sollte zeigen, dass Beton nicht immer perfekt *bush-hammered* wie in den USA sein musste, sondern durchaus *imperfections* oder individuelle, raue Bearbeitungsformen vertragen konnte. Doch mein Versuch, im Hintergrund einer anderen Zeichnung noch gelbe Sanddünen und einen einsamen Kameltreiber unterzubringen, scheiterte an Chips Einspruch: Er war vor Ort gewesen und sagte, dass man dort genauso lebe wie in unseren Städten, mit Autos und modernen Errungenschaften. Gefragt war also wieder die reine Moderne, beziehungsweise das Internationale.

Bei den Auftraggebern in sogenannten Entwicklungsländern waren es meist die älteren Herrschaften, die für ihre Bauaufgaben eine reine, unverfälschte Moderne nach westlichem Vorbild anstrebten, während manch jüngere Architekten schon ab 1960 nach regionaltypischen Ausdrucksformen suchten. Sie wollten die Spezifika ihrer Umwelt, des Klimas, der lokalen Bauweise und Raumvorstellungen, kurz, ihrer gesamten Lebenswirklichkeit, in die Moderne einbringen oder besser gesagt erst einmal ins eigene Bewusstsein heben. Das war legitim, nicht etwa Ausdruck eines modischen Regionalismus. Dass diese Suche auch soziale, zum Beispiel siedlungspolitische Implikationen mit sich brachte, war dann der zweite, weitergehende Erkenntnisschritt. Es war der Beginn der globalen Debatte um „kulturelle Indentität".

Hier wurde immer klarer, dass die Folgegeneration mit der reinen und abstrakten Internationale nicht mehr viel anzufangen wusste, eben weil im Prozess der Modernisierung alles Regionaltypische untergegangen beziehungsweise bewusst unterdrückt worden war. So sprach man zum Beispiel in den Metropolen Südostasiens in den 1970er Jahren von den *frozen dinner cakes* – also den tiefgefrorenen Sahnestücken – westlicher Stereotypen im Städtebau, die regionale wie nationale Unterschiede nivelliert hatten, zugunsten einer *international sameness* (internationalen Gleichförmigkeit), wie Kollegen in Singapur dieses „Immergleiche" mit entnervtem Blick benannten.

Abb. 101: Universität Tunis, Bibliotheksgebäude, Schaubild Eingangsbereich, 1964. Zeichnung des Verfassers

Indirekt tritt dieser Konflikt in einem hellsichtigen Kommentar von Ise Gropius zutage, den sie eigentlich in einem anderen Zusammenhang notiert hatte:

> „I think Walter could travel around the earth today and always find himself guest of a former student who has proceeded to build a combination of modern approach with regional safeguards which is entirely delightful to live in."[74]

Diese mit der Moderne kombinierten *regional safeguard*s, also regionalen Absicherungen, sind hier der Schlüsselbegriff. Es klingt fast so, als müsste man, um sich wohlzufühlen, allenthalben solche ortstypischen Schutzwälle oder Rettungsringe bereitstellen, um nicht im Meer einer gesichtslosen Allerweltsmoderne zu ertrinken. Denn nicht nur bei uns, auch in den damals so genannten Entwicklungsländern hatte die Moderne ihre Unschuld, wenn sie denn je eine besaß, längst verloren.

Auch hier in Tunis wurden übrigens die fälligen Honorare an TAC, wie schon in Bagdad, nur teilweise ausbezahlt, und das Projekt einer Gesamtanlage verlief im Sande. Die immer härter werdende Auseinandersetzung mit der sogenannten Dritten Welt brachte TAC in schwieriges Fahrwasser und sollte schließlich in den Ruin führen, doch dazu später. Zur finanziellen Problematik war aber noch ein ideeller, TAC-interner Konflikt getreten, und zwar schon 1965: Ben Thompson hatte energisch gegen die Zusammenarbeit mit diktatorischen Regimen protestiert, namentlich in Nahost, während Gropius unverdrossen am Ideal einer besseren Gesellschaft festhielt, die durch seinen ganzheitlichen Ansatz zu reformieren sei. Auch war er nicht gewillt, nach Jahren eher marginaler Einkünfte bei TAC einen solchen Großauftrag abzulehnen. Er hatte mir schon früher erzählt, wie schwer es für ihn zu Anfang in den USA gewesen war, als freier Architekt Fuß zu fassen, obwohl ihm ein internationaler Ruf vorauseilte. Die Sache mit dem Großauftrag war jedenfalls ein Kernkonflikt für TAC – und Gropius' Haltung auch insofern etwas zwiespältig und nicht immer ganz ehrlich, als er doch selbst durch ein solches Regime 1934 in die Emigration getrieben worden war.

Folgeaufträge in Kuwait

Auf die Abenteuer in Bagdad und Tunis sollte in den 1970er Jahren eine neue, das Büro 20 Jahre lang involvierende Serie von Aufträgen in Kuwait folgen. Sie veranlasste TAC, dort 1976 ein zweites Auslandsbüro neben Rom zu gründen. Der Kleinstaat war 1974 der drittgrößte Ölproduzent unter den Golfstaaten, nach Saudi-Arabien und Iran. Die radikale Umgestaltung der Stadt unter großflächigem Abriss der Altstadt bescherte internationalen Konzernen und ihren Architekten mehrere große Aufträge. Der TAC-Partner Louis McMillen fand sich mit der Universität von Bagdad schon seit zwei Jahrzehnten in guter Position auf der Suche nach Folgeaufträgen in den Golfstaaten. Sein *diplomatic trip*[75] nach Kuwait 1968 begründete TACs starkes Engagement dort und brachte zunächst den Auftrag für das Hauptquartier des Kuwait Fund for Arab Economic Development (1968–74), einer veritablen Schlüsselstelle für neue Projekte. Diese Organisation sah sich als Schöpferin einer Revision der traditionell ausbeuterischen Beziehungen mit westlichen Großmächten, sozusagen als Vorreiterin der „Öl-Revolution".

Der Entwurf nach dem Vorbild einer umgekehrten, nach unten abgestuften Boston City Hall bot durch die Verschattung der unteren Geschosse klimatische Vorteile. Die vereinfachte, monolithische Baumasse mit ringförmiger Anordnung der Büros um einen überdachten und somit wohlgeschützten Innenhof gab dem Bau Symbolwert, sozusagen als Hort und Garant zukünftiger Entwicklung. Michael Kubo sah hier „an expressive and a functional symbol of the new role of oil revenue in reshaping the modern Arab states."[76]

Das massive, aufgeständerte oberste Geschoss erinnert an den Querriegel der argentinischen Botschaftsresidenz von 1968, wird hier aber von kleinen, tief eingeschnittenen Fensterschlitzen in unregelmäßiger Reihung durchbrochen. Deren oberer Abschluss mit kleinen Rundbögen in glatter Fläche wird ein kennzeichnendes Motiv für weitere Projekte in Kuwait und der Golfregion und damit zu einer zarten Referenz an regionale „arabische" Bauformen. Ansonsten bewunderte man die erreichte Perfektion betonierter Oberflächen, die klare Sprache des Materials, die Schlüssigkeit der Fügung von schweren Bauteilen wie Trägern und Stützen sowie die Offenheit, mit der die Granitzusätze im Beton sichtbar gemacht wurden.[77]

Bemerkenswert bleibt nicht zuletzt die Rolle, die man dem Beton als „lokalem" Baumaterial zumaß und dabei auf kuriose Besonderheiten stieß. In Saudi-Arabien hatte sich bei ähnlichen Projekten herausgestellt, „dass sich dort nicht einmal der Sand so verhielt wie Sand anderswo, weil vom Wind angewehter Wüstensand seine scharf gezackten Kanten verliert und nicht gut abbindet."[78] So musste Sand extra von der Küste herangeschafft und mit örtlichem Kalkstein und

Zement gemischt werden, damit der Beton die benötigte Festigkeit entwickelte. Und was die zu bearbeitenden Oberflächen in Stockhammer-Technik anging, sorgte schon der kräftige Wüstenwind dafür, dass der Sichtbeton mit der Zeit ganz von selbst eine körnige, rundgeschliffene Oberfläche erhielt. Insofern konnte der so veränderte Beton das transnationale Gemisch aus Expertise und bloßem Rohstoff mit der Vorstellung einer „lokalen" architektonischen Ausdrucksweise untermauern.[79] Auf wundersame Weise musste nun das Sandstrahlen nicht mehr von Hand gemacht werden, sondern konnte willig dem Wüstenwind überlassen bleiben.

Grundsätzlich stellt sich die Frage, ob TAC hier nicht einfach einen internationalen Typus verwendet hat, der auch ganz anderen Zwecken dienen und überall stehen könnte. So fallen die Ähnlichkeiten im Grundkonzept mit der Athener US-Botschaft (1956–61) ins Auge sowie mit dem Bibliotheksbau in Tunis (1962/63). Umgekehrt ist aber gerade diese Internationalität symptomatisch für den Wunsch Kuwaits, Anschluss an den Rest der Welt zu gewinnen. TAC arbeitete seit 1968 bei diesem und den Folgeprojekten eng mit *Pan-Arab Consulting Engineers* zusammen, einem örtlichen Büro, das von TAC in internationalen Standards von Zeichnung, Ausschreibung etc. geschult und konkurrenzfähig gemacht wurde. Umgekehrt verdankte TAC seine Erfolge als eines der größten US-Architekturbüros jener Jahre diesem langjährigen Prozess wechselseitigen Lernens.

Weitere Projekte dieser späten Jahre in Kuwait – einer zweiten und letzten Blütezeit für TAC – sind folgende, ohne Anspruch auf Vollständigkeit:
Die Bürohochhaus-Erweiterung unmittelbar neben dem bereits erwähnten Kuwait Fund for Arab Economic Development; Souk Al-Safat (1973–79); Souk Al-Manakh (1973–79); Souk Al-Wataniya (1973–79); Arab Organisations Headquarters Building (1994).

Bei der Bürohochhaus-Erweiterung konnte man mit Recht von einer soliden, etablierten, wenn auch nicht sonderlich aufregenden Spielart internationaler *corporate architecture* sprechen, wie sie auch etwa I. M. Pei in Singapur mit seinem prägnanten Bürohochhaus, dem Oversea-Chinese Banking Corporation Centre (1976) demonstriert hatte.

Bei den drei genannten Souks hingegen handelte es sich um einen neuen Gebäudetyp, der nur unter den besonderen, ökonomisch überhitzten Bedingungen jener Jahre in Kuwait entstehen konnte. Es geht hier nicht um Souks im traditionellen Sinne, sondern um mehrgeschossige Parkgaragen auf überteuertem

Boden, denen souk-ähnliche Ladenpassagen untergeschoben beziehungsweise aufgesetzt wurden. Im Grunde sind es punktförmige, auf den rein kommerziellen Kern reduzierte und städtebaulich höchst fragwürdige Unternehmungen. Es verwundert bis heute, dass ausgerechnet TAC mit seinem ganzheitlichen Anspruch sich für solche Projekte hat vereinnahmen lassen.

In einem zerrissenen, durch weiträumigen Abriss der Altstadt schon in den 1950er Jahren entstellten Stadtbild sollten diese modernen Souks als sogenannte infrastrukturelle Anker für große urbane Megablocks dienen, die man schlicht als städtische *areas* bezeichnete. Diese sollten dann in kleinere Parzellen für private Investoren unterteilt werden. Die neuen Souks waren eigentlich als Weiterentwicklung der schon in den 1960er Jahren unter der Ägide des Architekten und Stadtplaners Saba George Shiber (geb. 1923) linear angelegten, überdachten Einkaufsstraßen gedacht beziehungsweise propagiert worden. In Wahrheit waren es handelsübliche Parkgaragen. Die neuen Hybride wurden gestapelt aus ebenerdigen Läden, mehrgeschossigen Parkebenen und Büros oder Wohnungen in den obersten Etagen.

Diese Kunstgebilde der 1970er Jahre spiegelten die besondere Situation einer Immobilienwirtschaft, die sich in Folge eines rapiden Abrisses der Kernstadt und ihrer Erzeugnisse ergeben hatten: Die Bodenspekulation mit ihren künstlich überhöhten Preisen führte dazu, dass Grundstücke als Blechwüsten für Parkplätze jahrelang brachlagen, umtost von mehrspurigen Schnellstraßen, während die Bewohner der alten Stadthäuser, die alle noch Innenhöfe hatten, in die Außenbezirke umgesiedelt wurden. Weil die Stadtregierung immer noch in den Kategorien von *single-site development* dachte, also von Einzelgebäuden, blieben die neuen Gehäuse isoliert, ohne erkennbare Vorder- oder Rückseite und ohne irgendeine Verbindung untereinander.[80] Parkyn schreibt, dass 1983 die meisten dieser sogenannten Souks immer noch frei zwischen geparkten Autos, den letzten Ruinen erdgeschossiger Familien-Hofhäuser und den staubigen Wohnblocks der 1950er Jahren herumstanden.[81]

Was TAC angeht, war es aber dann einer der weniger spektakulären, der Souk Al-Manakh, der zum Symbol des spekulativen Baubooms und seiner Risiken kurz vor dem Platzen der dortigen Spekulationsblase werden sollte: Weniger extravagant als der Souk Al-Wataniya (**Abb. 102**) in der Funktionsmischung bestand der Komplex aus fünf Parkdecks samt Penthouse-Büros über einem Ladengeschoss an der Straße. Das scheinbar harmlose Bauprojekt für TAC, das Parkhaus-Kellergeschoss 1978 für Büros der Kuwaiter Börse umzuplanen, verdeutlichte eine Transformation, welche bald die tatsächlichen Risiken der *Kuwait finance economy* mit voller Wucht sichtbar werden lassen sollte. Innerhalb eines Jahres wurde der Keller des neuen Souk zum düsteren Tatort eines weithin unregulierten Spekulationsmarkts für fremde Handelsgesellschaften, die an der offiziellen Börse nicht gehandelt werden durften. Ein Großteil dieser *companies* bestand nur auf dem Papier, die Souk-Büros an der Straße machten 1982 viele Millionen mit dem Verkauf solcher Papiere, die sie aus dem Keller holten, bis die Börsenblase noch im selben Jahr platzte. TAC war unfreiwillig, nur durch den Umbau eines Kellers, zum Miterschaffenden einer illegalen Börse geworden.

Abb. 102: Der kompakte Baukörper im unteren Bilddrittel ist der Parkhaus-Komplex, auf dessen Flachdach sich der Soukh Al-Wataniya befindet. Man erkennt die Buden als winzige schwarze Würfel.

Das war also der Abstieg des Schwarzmarkts in den Keller eines hypertrophen Souk, den TAC erbaut hatte, natürlich ohne mit den dortigen Machenschaften etwas zu tun zu haben. Trotzdem konnte sich die geschockte Öffentlichkeit schwer enthalten, in dem Szenario nicht auch den Niedergang von TAC als international hochangesehenes Architekturbüro gespiegelt zu sehen. Es ist bis heute nicht völlig klar, welche Außenstände an Honoraren TAC selbst am Schluss tatsächlich zu beklagen hatte, und das in gleich drei Ländern: Irak, Tunesien und Kuwait. Man spricht aber von geschätzten zwei Millionen US-Dollar.[82]

Von der finanziellen Seite einmal abgesehen ist es schwer zu verstehen, dass sich TAC bei der Konzeption der künstlichen Souk-Imitate so vom Wunschdenken einer ehrgeizigen Stadtregierung hat vereinnahmen lassen. Isolierte, auf das eigene Grundstück begrenzte Ladenstraßen konnten, nachdem der Eröffnungsrausch erst einmal verflogen war, nie dieselbe Käuferfrequenz erreichen wie Straßenläden, die Teil eines erweiterten und kontinuierlichen Wegenetzes waren. Noch weniger taugten sie zur nachhaltigen Herstellung eines funktionierenden städtischen Organismus. Und das „arabische Dorf", das im Soukh Al-Wataniya einigermaßen pittoresk auf dem Dach der Parkgarage zu erkennen ist (**Abb. 102**), dürfte so lange Geisterstadt bleiben, bis die geplante Monorail-Bahn, eine 2.000 Kilometer lange Zugverbindung unter den Städten der Golfregion, eines Tages doch noch Wirklichkeit wird.

Im Nachhinein ist es traurig zu sehen, wie sich TAC dermaßen in fragwürdige Unternehmungen hineinziehen lassen konnte. Alles, wofür Gropius gestanden hatte, nämlich „Beziehungen zwischen scheinbar nicht zusammengehörenden Dingen zu erkennen", schien bei der Stadtplanung von Kuwait keine Rolle zu spielen. Sein Credo einer Zusammenschau disparater Erscheinungen hatte stets viel mehr umfasst als nur das Einzelbauwerk, hatte immer über die eigenen Grundstücksgrenzen hinausgedacht.

X.
NIEDERGANG UND AUSBLICK

Als aber TAC später zum internationalen Großbüro mit fast 400 Mitarbeitern angewachsen war, stiegen dementsprechend auch die Risiken.

Schwierige Zeiten

Die Gründe für den allmählichen Niedergang von TAC während der beiden letzten Jahrzehnte (1975–95) waren aber nicht nur äußere, politisch-ökonomische Umstände, sondern auch interne, hausgemachte. Bei der offenen Arbeitsweise konnte es nicht ausbleiben, dass es auch Leerlauf gab. Gerade das, was wir Mitarbeiter als größten Vorzug empfanden, nämlich die individuell große Freiheit bei der Zusammenarbeit, war erkauft durch allzu lockere Organisation bei den vielen gleichzeitigen Projekten. In einer kuriosen Umkehrung des kollektiven Gedankens hatte schon die Verteilung und Zersplitterung auf drei verschiedene Häuser, die noch bis 1966 bestand, zu quasi separaten Ateliers geführt – auch wenn das niemand so recht zugeben wollte. So saß fast jeder Partner im eigenen Haus, selbst wenn es nur ein Stockwerk war, und hatte meist auch seine eigene, auf ihn fixierte Sekretärin. Diese Frauen hielten untereinander eng zusammen, waren aber auch auf den Erhalt ihres jeweiligen Einflussbereiches bedacht, indem sie den Zutritt zum eigenen Chef regelten – auch wenn wir natürlich bald lernten, wie diese Aufpasserinnen zu umgehen waren. Die damit verbundenen *personal dynamics*, der jeweilige Arbeitsstil und Corpsgeist, hatten, schon während der ersten 20 Jahre seit der Gründung 1945, unterschiedliche Vorstellungen von kollektivem Arbeiten wachsen lassen, ganz allmählich, aber merkbar. Daran änderten auch die donnerstäglichen Gesprächsrunden nicht mehr viel, weil ja doch jeder sein eigenes Reich als Zufluchtsort hatte.

Die Folge war, aufs Ganze gesehen, mancherlei Ineffizienz im Bürobetrieb oder auch Duplizierung von Aufgaben. Wir Mitarbeiter empfanden zwar die lockere Struktur als völlig normal und erfreulich TAC-typisch, ja, geradezu identitätsstiftend. Aber die Freiheit wurde auch ausgenutzt – nicht absichtlich, aber de facto. Weil es keine Stechuhren gab (bei TAC undenkbar!), wurde es zum Beispiel üblich, dass wir mit jeder kleinen Skizze während der Arbeitszeit zu Fred Stone's Copyshop am unteren Ende der Mt Auburn Street liefen, um dort sogenannte *photostats* (s/w-Negativdrucke) machen zu lassen und dort bei einem üblichen *coffee break* herumzuwarten, anstatt solche Gänge dem *office boy* zu überlassen. Und freitags, wenn es an das Ausfüllen der wöchentlichen *time sheets* ging, kam es mitunter vor, dass wir die vielen Überstunden noch ein wenig nach oben aufrundeten, namentlich bei Wettbewerben an Wochenenden. So war es kein Wunder, dass TAC kaum kostendeckend operieren konnte.

Abb. 103: José Luis Sert (rechts) mit dem Bildhauer Mirko Basaldella vor Peabody Terrace, Cambridge, Mass., um 1969

Umso unverständlicher fand ich, dass einmal einer sehr freundlichen älteren Dame, die eines sonnigen Tages frohgemut mit Blumenhütchen ins Büro kam und gerne ihr Haus von TAC gebaut haben wollte, schon am Empfang beschieden wurde, dass TAC keine Einfamilienhäuser baue! Da war ich leider nicht geistesgegenwärtig genug gewesen, um ihr schnell an TACs Stelle meine Dienste anzubieten. Noch heute sehe ich die Enttäuschung in ihrem Gesicht.

Ein weiteres Paradox kam hinzu: Der an sich richtige Weg, die gesamte Planung vom Entwurf bis zur Werkplanung an einem Ort und in einer Hand zu behalten, führte zu einer überstarken Identifikation mit dem jeweiligen Projekt, das dann eben „unseres" war. Das bewirkte aber, dass kein besonderes Bedürfnis mehr bestand, den Entwurf dann auch noch mit den anderen Partnern zu besprechen. Insofern hatten die wöchentlichen *jour fixes* – von Gropius in bester Absicht eingeführt und regelmäßig besucht – auch etwas Ritualisiertes an sich: Man konnte sich gegenseitiger Wertschätzung, Aufmunterung oder auch Kritik sicher sein, danach aber weitermachen wie gewohnt.

Im Nachhinein schien mir manchmal die Methode von Sert mit seinem Büro Sert, Jackson & Gourley die bessere zu sein: Er hatte die ganze Entwurfsarbeit im relativ kleinen Büro in 4 Brattle Street konzentriert und dafür die gesamte Werkplanung mit größerer Belegschaft nahe der großen Baustelle des Holyoke Center am Harvard Square ausgelagert. Das entsprach dem amerikanischen Modell der Trennung von Entwurf und Ausführung, was Gropius immer abgelehnt hat. Wenn aber wirklich Effizienz ausschlaggebend sein sollte, war Sert im Vorteil, zumal er kein Team-Mensch war, sondern autokratisch agierte und die Führung straff in der Hand behielt (**Abb.103**). Dort in seinem persönlichen Entwurfsbüro waren wir nur vier bis fünf Leute, als wir an den Projekten Carpenter Center, Boston University und Peabody Terrace arbeiteten: Es ging alles ein bisschen nach dem Vorbild Le Corbusiers in der Rue de Sèvres in Paris. Wir wurden betreut von Serts Sozius Joseph Zalewski (1910–1980), genannt *Zalou*, einer etwas geheimnisvollen Eminenz, die wir besonders als Lehrer an der GSD schätzen gelernt hatten. Sein Adlatus war dann der freundliche Knud Bastlund aus Kopenhagen, den wir *smiling Dane* nannten; er war ein guter Ausgleich zum gelegentlich launischen Chef. Doch Sert hatte eine geschickte Hand in Sachen Personal, wusste nur zu gut, was er an Knud hatte, und er konnte sich obendrein auf eine sehr charmante Sekretärin verlassen. Sie kam aus Österreich, was wir nur zufällig herausfanden, als sie einmal bei einer Tabelle leise auf Deutsch zu zählen anfing. Sie wusste immer, wie man mit Sert umzugehen hatte.

Insgesamt waren es zwei sehr verschiedenartige Arbeitsmodelle, die sich da mit den Büros von Sert und TAC in räumlicher Nachbarschaft gegenüberstanden. Solange die Geschäfte gut liefen, brauchte man sich keine Gedanken über die Bürostruktur zu machen. TAC stand für uns Jüngere immer noch glänzend da, war ein Vorbild, was Freiheit der Ideen, Arbeitsklima und Menschenführung anging. TAC war ein Lebensstil, mehr als alles andere, was sich treffend in dem schönen Bonmot von John P. Sheehy (geb. 1942), einem späteren Partner, wiederfindet:

„Architecture was either a way of making a living or a way of life;
TAC was a way of life."[83]

Als aber TAC später zum internationalen Großbüro mit fast 400 Mitarbeitern angewachsen war, stiegen dementsprechend auch die Risiken. Vor allem aber fehlte die führende und einigende Hand von Walter Gropius nach seinem Tod 1969. Nach einem letzten Höhenflug bis etwa 1985 versiegte die innovative Kraft im letzten Jahrzehnt der Existenz von TAC; Kritiker meinten, dass TAC in einer Phase modernistischer Wiederholung immer wieder dieselbe Lösung für ganz unterschiedliche Aufgaben entwerfen würde. Und als nach dem Nahost-Abenteuer die Folgeaufträge ausblieben, sogar im eigenen Land, begannen sorgenvolle Zeiten.

Ende von TAC

Das Ende kam plötzlich, und es ist zu deprimierend, um es hier in allen Details auszubreiten. Ich erfuhr davon erst sehr spät, und zwar zufällig auf einem Flug von Frankfurt nach Hongkong. Mein Sitznachbar aus Taiwan war

Architekt in TACs Zweigbüro in San Francisco gewesen. Nach seiner Erzählung hatten die Mitarbeiter in Cambridge eines Morgens vor versiegelten Türen gestanden, vollkommen überrascht, nachdem die Banken von einem Tag auf den anderen das Büro geschlossen hatten. Offenbar hatte niemand gewusst, dass TAC schon seit Jahren mit großen Bankschulden belastet und nicht mehr zahlungsfähig war. Dieser Tag im April 1995 war ein Schock nicht nur für Boston, sondern landesweit.

Mit der Studie von Michael Kubo sind die Details etwas deutlicher geworden.[84] So hatte es durchaus schon seit 1983 interne *office memos* zum sukzessiven Stellenabbau gegeben, von 390 auf 220 innerhalb eines Jahres, und zu Versuchen, nach dem Ende des Baubooms in Kuwait wieder an Aufträge auf dem Heimatmarkt zu kommen. Als die Belegschaft schließlich von 50 auf nur noch eine Handvoll geschrumpft war, kam der letzte und endgültige Schlag mit dem Einmarsch der Irakis in Kuwait im August 1990, was den Beginn des Zweiten Golfkrieges markierte. Im Juni 1995 konnte man schließlich in der Monatszeitschrift *Progressive Architecture* die lapidare Meldung lesen, die hier in voller Kürze wiedergegeben sei:

The Architects Collaborative Suspends Operations.[85]

Der schlichte Satz wirkte auf mich wie eine Todesanzeige. Und es war schwer zu fassen, dass damit ein so glanzvolles Unternehmen, das Vorbild für viele jüngere Architekturbüros der Folgezeit gewesen war, an sein Ende gekommen sein sollte. Doch neugegründete Architektur- und Designbüros mit ähnlicher kollektiver Arbeitsweise setzten das Erbe fort, zum Beispiel Cambridge Seven Associates (C7A) oder Architectural Resources Cambridge (ARC).

Nachspiel: Arctic Living Unit

Ein indirektes Ergebnis der Arbeit mit Walter Gropius waren schließlich meine Studien für Behausungen im arktischen Kanada – wenngleich das ein weit entlegener Arbeitsbereich zu sein scheint. Wir standen über die betreffenden Vorstudien in Kontakt, da Gropius über frühe Erfahrungen – nicht immer glückliche – mit vorgefertigtem Hausbau verfügte. An der Universität von Manitoba in Winnipeg hatte sich ein interdisziplinäres Team von Lehrkräften zusammengefunden und 1966 das Center for Settlement Studies gegründet. Sein Ziel war neben der Grundlagenforschung auch die Entwicklung neuer Haustypen für die

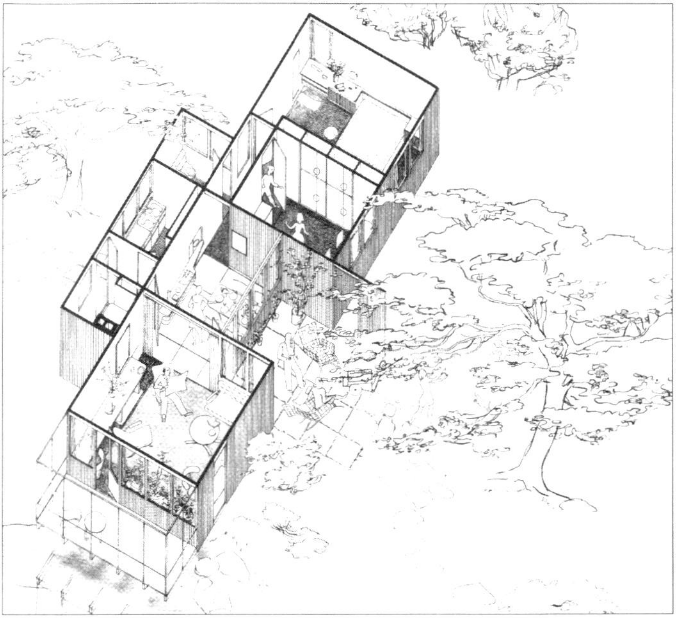

Abb. 104: Walter Gropius und Konrad Wachsmann: Isometrie für „Packaged House", 1942

indigene Bevölkerung der Arktis. Denn neben dem Iglu beziehungsweise dem Sommerzelt der Inuit (wie sich die Eskimos nennen und damit „die Menschen" meinen) gab es nur den in diese Klimazone transplantierten Haustyp des *suburban bungalow*, der dann prekär im Permafrost stand und sich vom Haus in Florida lediglich durch die etwas stärkere Isolierung unterschied. (Die ebenfalls in der Arktis anzutreffenden Nissen-Hütten des Militärs betrachteten wir nicht als Lösungsmodell für den Hausbau.)

Das Entwerfen von vorgefertigten Komponenten in methodisch abgestimmten Schritten und damit die Schulung im analytischen Denken durch Gropius boten den Hintergrund für unsere Vorschläge. Wieder war es sein Einfluss gewesen, der die Entscheidungsgrundlagen gelegt hatte, in der verwirrenden Vielfalt moderner Fabrikationsmethoden und Produkte diejenigen zu erkennen, die für eine gestellte Aufgabe maßgebend waren. In seinen Worten ging es auch hier wieder darum, „Zusammenhänge zwischen scheinbar nicht zusammenhängenden Dingen zu erkennen". Seine jungenhafte Experimentierfreude war ungebrochen und ansteckend, gerade auch wenn es um abgelegene Arbeitsfelder und Grenzbereiche ging.

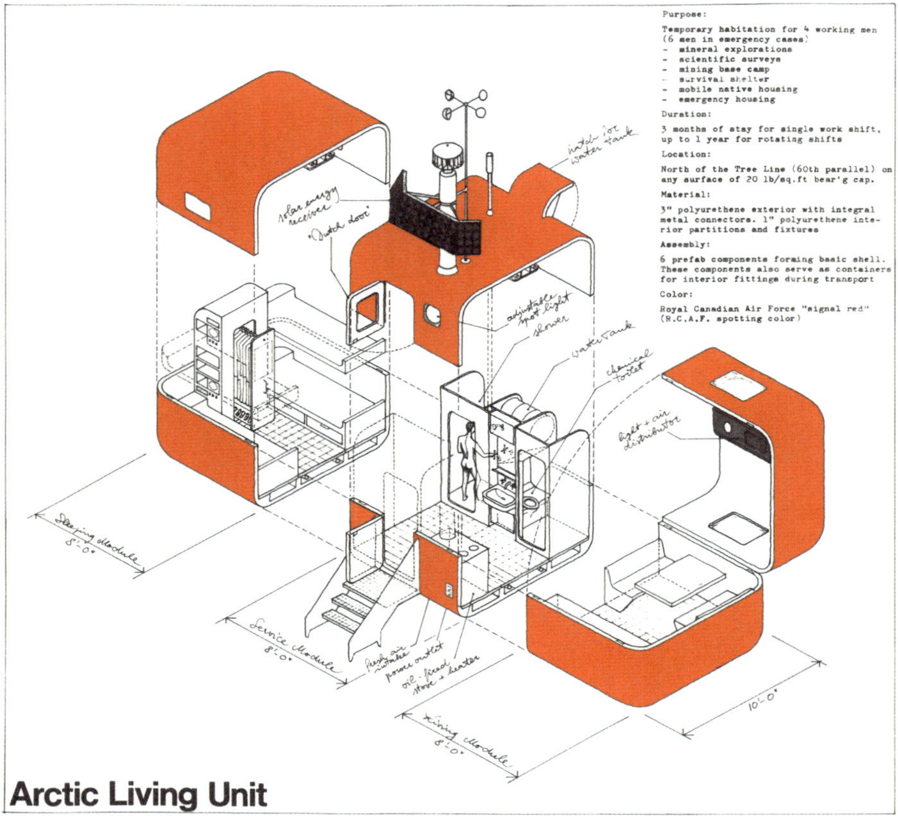

Abb. 105: „Arctic Living Unit": Vorstudie zum Testmodell 1:1 einer modularen Wohneinheit in der Arktis, 1970. Entwurf des Verfassers

Die Entwicklung zu einer industriellen Komponentenbauweise aus vorgefertigten Teilen hatten Gropius und Konrad Wachsmann (1901–1980) schon 1942 vorangetrieben. Im „Packaged House System" hatten sie die Details für einen Baukasten aus leichten Tragwänden mit Verbindungskeilen entwickelt und zum Patent angemeldet (**Abb. 104**). Doch war die Bauindustrie noch ihren althergebrachten Produktionswegen verhaftet. Es gelang damals immerhin, das Startkapital für ein Versuchshaus in Boston und die Gründung der General Panel Corporation zu beschaffen. Auch in Kalifornien schien die Produktion für eine gewisse Zeit erfolgreich zu verlaufen. Für Gropius war es wichtig, anstelle einer

Großtafelbauweise, wie sie später in der DDR für Plattenbauten in Gang kam, ein System kleinerer Elemente zur Hand zu haben, das die Vielfalt individueller Gestaltungsmöglichkeiten für den Wohnungsbau nicht behindern und dafür die reglementierte Starrheit maschineller Produktion aufbrechen sollte.[86]

Das war auch der Grundgedanke für die Arctic Living Unit, meinen Entwurf einer Wohneinheit, die aus leichten Komponenten überschaubarer Größe bestehen sollte (**Abb. 105**). Der Clou dabei war, dass die vorgefertigten Schalenelemente gleichzeitig als Transportbehälter für die Inneneinrichtung und die Bevorratung mit Lebensmitteln eingesetzt werden konnten. Die Vorstudie sah einen Prototyp zur Belegung durch maximal vier Personen vor, wobei auch Planungen aus der damals anlaufenden Raumfahrt Eingang fanden. Gerade unter den erschwerten Bedingungen von knapper Bauzeit bei extremer Kälte war es geboten, nicht jedesmal von vorne anfangen zu müssen, sondern die großen Vorteile einer modularen Bauweise zu nutzen. Was Gropius in den Notzeiten nach dem Ersten Weltkrieg als zukunftsweisend erkannt hatte, wurde hier unter den Bedingungen eines extremen Klimas mit Permafrost und Transportbeschränkung verwirklicht.

Das vielversprechende Forschungsprojekt war 1970 bereits auf dem Weg zu einem ersten Versuchsmodell in voller Größe auf dem Campus der Universität von Manitoba; doch dann führte der vierjährige Wahlturnus mit Regierungswechsel und Rezession in Kanada zum vorschnellen Ende der Finanzierung. Immerhin konnten die Ergebnisse des Modellversuches noch publiziert werden.[87]

Schlusswort

Die geschilderten Begegnungen mit Walter Gropius zwischen 1960 und 1969 können nur einen Bruchteil seiner vielschichtigen Persönlichkeit beleuchten. Die wenigen verfügbaren Zeugnisse über seine späten Jahre in USA reichen von den warmherzigen Charakterstudien, die seine Frau Ise, die Adoptivtochter Ati oder auch der Freund Reginald Isaacs hinterlassen haben, bis auch zu kritischen Stimmen mancher Weggefährten.

Seine Geschmeidigkeit im persönlichen Umgang konnte in seinen späten Lebensjahren an Grenzen stoßen, sobald Grundsätzliches berührt wurde, etwa die „Bauhausideologie". Gelegentliche *in hindsight* (rückblickend) vorgebrachte Ansichten anderer aus vergangenen Debatten waren ihm lästig und weit weniger relevant als die tägliche, zukunftsgerichtete Arbeit bei TAC: Denn das war eine Bürogemeinschaft, für die das Bauhaus schon eine ganze Generation zurücklag und längst Geschichte war. Vielmehr lautete die Devise jener 1960er Jahre: *to continue the unfinished business of the modern movement.*

Und bei allem Charisma war der Umgang von Gropius mit ehemaligen Mitstreitern nicht immer so zart, wie es der vornehm-kultivierte Habitus erwarten ließ. Der Bitte von Josef Albers (1888–1976), diesem einige seiner 1937 noch glücklich aus Deutschland herausgebrachten Originalzeichnungen und Entwürfe zu überlassen, entzog er sich mit dem Hinweis, dass sie zum unabdingbaren Grundbestand dieser Kunstschule gehörten und damit das Bauhaus-Archiv den ersten Zugriff habe. Er sah sich, kaum verwunderlich, als der alleinige Sachwalter des Bauhauserbes. Seitdem hat es in der Bau- beziehungsweise Raumkunst keine Bewegung mehr gegeben, die mit einem solch absoluten Anspruch auf Allgemeingültigkeit aufgetreten ist.

Andererseits erwies er sich auch als selbstloser Freund und Helfer, indem er Emigranten wie den ehemaligen Berliner Stadtbaurat Martin Wagner (1887–1957) nach Harvard holte oder Konrad Wachsmann (1901–1980) zum Start im neuen Land verhalf. Dagegen überwarf er sich mit Marcel Breuer (1902–1981) schon bald nach der Gründung eines gemeinsamen Büros, da dieser – in der Lesart von Isaacs[88] – allzusehr auf die eigene Karriere fixiert war.

In der Summe eines langen Lebens überwiegt der ideelle Nachlass von Walter Gropius. Seine wortmächtigen Schriften, namentlich *Architektur. Wege zu einer optischen Kultur*[89] und *Apollo in the Democracy,*[90] seine Lehrtätigkeit sowie seine zahlreichen Vorträge in den USA und weltweit haben den Boden bereitet für einen nachhaltigen Bewusstseinswandel. Er umfasste alle Bereiche der Ausbildung und Praxis von Architekten, Stadt- und Landschaftsplanern. Wenn er mit Sally Harknes' Worten eingangs als einer der großen Philosophen dieser Welt statt als Architekt bezeichnet wurde, darf man dieser Sicht ergänzend den Satz von Ludwig Mies van der Rohe (1886–1969) zur Seite stellen:

> „Das Bauhaus war eine Idee, und ich glaube, daß die Ursache für den ungeheuren Einfluß, den das Bauhaus auf jede fortschrittliche Schule in der Welt gehabt hat, in der Tatsache zu suchen ist, daß es eine Idee war. Eine solche Resonanz kann man nicht mit Organisation erreichen und nicht mit Propaganda. Nur eine Idee hat die Kraft, sich soweit zu verbreiten."[91]

Angesichts der heutigen Vielfalt an gleichzeitigen und sich widersprechenden künstlerischen Strömungen mutet ein solcher Anspruch nahezu unheimlich an.

Er wurde nicht wenig durch eine staunenswert effektive Propaganda in die Welt getragen. Offenbar war die Gesellschaft in weiten Teilen schon lange vor 1933 empfänglich für „Führung“, ja für gestalterischen Dogmatismus, der zumindest beim Bauen und Wohnen alle Lebensbereiche durchdringen sollte.

Es war dann ein natürlicher Reflex, sich angesichts dieser historischen Tatsache erneut der in TAC sehr präsenten Person Gropius zuzuwenden – stets von neuem fragend, zweifelnd oder sich versichernd. Sein mitunter entwaffnend jungenhaftes Verhalten machte solche Begegnungen zu einem Gewinn. Sobald es aber im Gespräch um derart sensible Angelegenheiten wie ein wirkliches oder vermeintliches Geschmacksdiktat ging, das mancher Weggenosse dem Bauhaus unterstellte, wurde Gropius vorsichtig, einsilbig, ja fast unwirsch: Das Bauhaus war für ihn „niemals eine Frage des Stils, sondern einer neuen Methode“. Mehr denn je galt – und gilt noch heute – seine so oft wiederholte Warnung von 1930:

Abb. 106: Walter Gropius – reisefertig. Das Foto im *Time Magazine* war untertitelt mit „Gropius in 1967 – simply cogent“ („einfach überzeugend“) und stand neben den Fotos „University Tower in Baghdad“ und „American Embassy in Athens“. Der Beitrag erschien am 18. Juli 1969 anlässlich des Todes von Gropius unter dem Titel „The Idea Giver“ in der Rubrik „Art/Architecture“, mit dem Untertitel: „From cool functional logic, a new way of looking at the world“.

> „Das Ziel des Bauhauses ist eben kein ‚Stil‘, kein System, Dogma oder Kanon, kein Rezept und keine Mode! Es wird lebendig sein, solange es nicht an der Form hängt, sondern hinter der wandelbaren Form das Fluidum des Lebens selbst sucht.“[92]

Das war schön gesagt, im Kern sicher auch unanfechtbar. Aber wenn wir – die wir uns durchaus „im Fluidum des Lebens“ stehend verstanden – das konkreter haben und wissen wollten, wie man denn die Moderne noch moderner machen, also für die Zukunft weiterentwickeln könnte, kam keine Antwort auf diese Frage.

Gropius war nicht der Mensch für direkte Handlungsanweisungen. Dafür konnte er gut zum eigenständigen Denken anregen. Und so wurde uns, wenngleich sehr allmählich, klar, dass die klassische Moderne nicht den Anfang, sondern den vorläufigen Endpunkt einer historischen Entwicklung darstellte, die im 19. Jahrhundert ihren Anfang genommen hatte. In der Tat hatten ja die Protagonisten der Moderne diese als einen festumrissenen Zielpunkt mit dem Anspruch von Endgültigkeit verstanden, sodass die Frage nach einem „Danach" gar nicht mehr aufkommen durfte. Historisch gesehen hatte schon Frank Lloyd Wright den Ursprung des „Neuen Bauens" im Werk seines „lieben Meisters" Louis Sullivan (1856–1924) erkannt, sodann in der europäischen Reformbewegung um 1900, im Froebel-Kindergarten etc.; wogegen ihm das Bauhaus zu simpel, allzusehr technizistisch angelegt erschien, letztendlich beschränkt auf die Produktion von *workers' housing,* wie er sich ausdrückte, anstelle wirklicher Baukunst.

Walter Gropius bleibt uns allen als der inspirierende Lehrer und Anreger im Gedächtnis, als ein *educator* im umfassenden Sinne, der in seiner Epoche und kraft seiner Persönlichkeit die Lehre und Ausbildung von Architekten und Planern weltweit reformiert hat. Mit der Schaffung von TAC war spät in seinem Leben das Modell einer Arbeitsgemeinschaft gegründet worden, die zwei Generationen von gleichberechtigten Partnern vereint und über 50 Jahre hinweg, von 1945 bis 1995, bestanden hatte.

Anmerkungen

1 Rachel Carson: *Silent Spring*, Boston 1962 (Dt. *Der stumme Frühling*, München 1963).
2 Jane Jacobs: *The Death and Life of Great American Cities*, New York 1961 (dt. *Tod und Leben großer amerikanischer Städte*, Berlin 1963).
3 Jane Jacobs: *Dark Age Ahead*, New York 2004.
4 Michael Kubo: *The Cambridge School. What went on at 46 Brattle Street*, in: *Architecture Boston*, Summer 2013, S. 34–37.
5 Ise Gropius, in: *Gropius House*, publiziert 1977 von der Society for the Preservation of New England Antiquities.
6 Kubo 2013.
7 Ebd.
8 Reginald Isaacs: *Walter Gropius. An Illustrated Biography of the Creator of the Bauhaus*, Boston 1991, S. 256 (dt. *Walter Gropius: Der Mensch und sein Werk*. 2 Bde., Berlin 1983/1984).
9 *Vom Bauhaus nach Harvard*, in: *Die Zeit*, Nr. 18, 6.5.1954, S. 17 (ohne Autorenangabe).
10 Gilbert Lupfer, Paul Sigel: *Walter Gropius 1883–1969. Propagandist der neuen Form*, Köln u. a. 2004, S. 83.
11 Doris Schmidt: *Gropius baut für Rosenthal*, in: Süddeutsche Zeitung, Nr. 302, 17.12.1964, S. 20f.
12 Walter Gropius: *Architektur. Wege zu einer optischen Kultur*, Frankfurt am Main/Hamburg 1956.
13 63 Brattle Street, 1 Story Street, 136 Mount Auburn Street.
14 Peter Blake: *God's Own Junkyard. The Planned Deterioration of America's Landscape*, New York 1964. Blake (1920–2006) war damals Herausgeber der einflussreichen Fachzeitschrift *Architectural Forum* in New York.
15 Chester H. Liebs: *Main Street to Miracle Mile. American Roadside Architecture*, Boston 1985.
16 Judith M. Gutman: *Is America Used Up?*, New York 1973.
17 Wolfgang Pehnt: *Genies der Selbstdarstellung*, in: *Frankfurter Allgemeine Zeitung*, Nr. 85, 11.4.2009, S. 35.
18 Wolfgang Pehnt: *Ein Anwender von Kunst. Zum Tode von Herbert Bayer*, in: *Frankfurter Allgemeine Zeitung*, 2.10.1985.
19 Das war nett gesagt, aber nicht ganz korrekt, denn meine Großmutter Frieda Körte, geb. Gropius, die er kannte, war nicht die seine. Will man hier eine gemeinsame Ahnmutter ausmachen, muss man noch zwei Generationen weiter zurückgehen und kommt auf Bertha Gropius, geb. Wahnschaffe (1799–1874). Von ihren beiden Söhnen war der eine Martin Gropius (1824–80), der bekannte Berliner Architekt, dessen jüngste von sieben Töchtern Frieda meine Großmutter war; dagegen war Martins älterer Bruder Adolf Gropius (1819–1871), Pächter der Domäne Groß-Schönfeld, der Großvater von Walter Gropius.
20 Isaacs 1991, S. 10.
21 Jahre später fand ich viele Beobachtungen bestätigt bei Mildred F. Schmertz: „Ben always had more to say about the beauty of the sea and the sky around their home, and the ease of life there, than about the buildings. In his world, architecture was life." *A Life in Architecture. How the Boy from Minnesota Became the Man who Reshaped Cities*, in: *Architecture Boston*, Spring 2011 (Bd. 14, Nr. 1), S. 23–24.

22 So in Walter Gropius: *Architektur. Wege zu einer optischen Kultur*, Frankfurt am Main/Hamburg 1956, S. 67/68: „Die völlige Trennung zwischen Entwurf und Ausführung von Gebäuden, wie sie heute üblich ist, erscheint unnatürlich im Vergleich zu den Baumethoden früherer Perioden. Wir haben uns von jener ursprünglichen und natürlichen Auffassung, nach der die Konzeption und Verwirklichung eines Baues ein untrennbarer Vorgang und der Architekt und Baumeister ein und dieselbe Person waren, viel zu weit entfernt. Wenn der Architekt der Zukunft wieder eine Vorrangstellung einnehmen will, wird er zwangsläufig wieder engeren Kontakt mit der Bauproduktion aufnehmen müssen. Denn nur in enger Arbeitsgemeinschaft mit dem Ingenieur, dem Wissenschaftler und dem Unternehmer kann Entwurf, Konstruktion und Wirtschaftlichkeit vielleicht wieder zur Einheit verschmolzen werden – eine Fusion von Kunst, Wissenschaft und Geschäft."

23 Gropius 1956, Kapitel 3: *Gibt es eine Wissenschaft der Gestaltung*?

24 Der Vortrag wurde veröffentlicht in der Zeitschrift *Architectural Record*, Mai 1964 (Teil 1 von 3), S. 131–136.

25 Ernst Neufert: *Bauentwurfslehre*, Berlin 1936. Auf Anregung von Gropius veröffentlichtes, vielfach aufgelegtes und in zahlreiche Sprachen übersetztes Standardwerk zur Entwurfsarbeit für Architekten. 2016 erschien die 41. Auflage.

26 Nancy Curtis: *Gropius House, Society for the Preservation of New England Antiquities 1985*, zitiert nach: Isaacs 1991, S. 235 (Übers. Verf.).

27 Curtis 1985, zitiert nach: Isaacs 1991, S. 236 (Übers. Verf.).

28 Annemarie Jaeggi, Direktorin des Bauhaus-Archivs Berlin, 2016.

29 Brief von Walter Gropius an Wells Coates, Cambridge, Mass., 25. Januar 1938, zitiert nach Isaacs 1991, S. 232.

30 Annemarie Jaeggi, Leiterin des Bauhaus Archivs in Berlin, im Gespräch mit Ati Gropius in New York, kurz vor deren Tod 2014. Ati war die Tochter einer verstorbenen Schwester Ises und wurde 1936 vom Ehepaar Gropius adoptiert.

31 Ebd.

32 Nancy Curtis: *Gropius House*, Society for the Preservation of New England Antiquities 1985, zitiert nach: Isaacs 1991, S. 235.

33 Lupfer/Sigel 2004, S. 79.

34 Gropius 1956, S. 11.

35 Dazu Gropius: „Hier liegt die innerste Tradition von Harvard, und auch mit den Mitteln der modernen Architektur läßt sich dieses zeitlose Thema der Höfe von neuem verwirklichen, da es noch lebendig in die heutige Zeit paßt." Gropius 1956, S. 63.

36 Zitiert nach: Wikipediaeintrag zum Harvard Graduate Center <https://en.wikipedia.org/wiki/Harvard_Graduate_center> (letzter Zugriff 20.2.2018).

37 Walter Gropius: *Not Gothic But Modern For Our Colleges*, in: *New York Times Magazine*, 23.10.1949.

38 Boston City Hall, 1963–68 von Kallmann and McKinnell nach Wettbewerb erbaut. Das Rathaus wurde gleichermaßen gefeiert wie verurteilt wegen seines stark skulpturierten brutalistischen Erscheinungsbildes und sollte 2006 auf Wunsch des Bürgermeisters sogar abgerissen werden, was nur die Rezession von 2008 verhindert hat.

39 Mildred M. Schmertz: *Modest Architecture for a Fine New England Campus*, in: *Architectural Record*, September 1963, 16-seitiger reich bebildeter Nachdruck ohne Seitenzahlen (Übers. Verf.).

40 O. A.: *Bank for the Suburbs*, in: *Architectural Forum*, August 1962. Nachdruck ohne Seitenzahlen (S. 126–129) (Übers. Verf.).

41 Als wir uns in der Gruppe einmal über den jungen Boxer Cassius Clay (später Muhammad Ali) und seine großmäuligen Reden mokierten, trat Chip hinzu und sagte, er finde es ganz ordentlich, wie sich Clay durch die Ringe schlage, „and he must talk like that!"

42 So Gropius 1956, S. 55: „Das Schlimmste war dies: das ‚neue Bauen' wurde in vielen Ländern Mode! Nachahmung, Snobismus und Mittelmäßigkeit verfälschten die tiefen und weitgreifenden Absichten der Erneuerung, die ja auf Wahrhaftigkeit und Vereinfachung gegründet waren. Falsch geprägte Schlagworte, wie das von der ‚neuen Sachlichkeit' und ‚zweckmäßig gleich schön' haben die Betrachtung der modernen Baukunst auf äußerliche Nebenwege abgelenkt. Diese einseitige Charakterisierung des ‚neuen Bauens' entspricht der Unkenntnis der wahren Beweggründe seiner Initiatoren und der verhängnisvollen Sucht der Oberflächlichen, die Erscheinungen in einem isolierten Bezirk abzuschließen, anstatt die Gegensätze zu verbinden."

43 Werner Müller u. a.: *dtv-Atlas Baukunst*. Bd. 2, München 1981, S. 517.

44 Im Rückblick auf das Vorläufermodell werden allerdings auch einige städtebauliche Schwächen sichtbar. So hat die schiere Größe der Gesamtanlage verhindert, die im Zentrum erreichte räumliche Spannung der Baumassen über die ganze Fläche durchzuhalten. Die weiter entfernten Wohnblocks sind nur noch in langen gleichförmigen Reihen angelegt. Im Vergleich etwa zur Siemensstadt von 1928 ist hier die Gesamtfläche dermaßen vergrößert, dass eine stärker gegliederte Anlage mit weiteren, identitätsstiftenden Unterzentren und Plätzen notwendig gewesen wäre.

45 Gerd Fehl: *Die Legende vom Stadtbaukünstler. Stadtgestalt und Planungsprozeß der Gropiusstadt in Berlin*, in: *Stadtbauwelt* 63, 28.9.1979, S. 275–285.

46 Ebd.

47 Ebd.

48 Ebd.

49 Walter Gropius: *Apollo in the Democracy*, New York 1968, S. 145.

50 In seinem noch immer lesenswerten Buch *Architektur. Wege zu einer optischen Kultur*, Frankfurt am Main/Hamburg 1956, bringt Gropius zahlreiche Abbildungen zu den Gesetzmäßigkeiten (und Irrtümern) der optischen Wahrnehmung (Abb. 1 bis 30).

51 Die „Zelebration der Rampe" als Besonderheit der Moderne wurde inzwischen genauer in den Fokus genommen. Siehe Rem Koolhaas: *Ramp* (Elements of Architecture, Bd. 15), Venedig 2014. Die Buchreihe Elements besteht aus 15 Bänden und erschien begleitend zur Architekturbiennale Venedig 2014 als Zusammenarbeit von AMO Rotterdam und der Harvard Graduate School of Design – Eine architekturhistorische Betrachtung der Rampe findet sich bei Tina Zürn: *Bau Körper Bewegung. Prozessuale Raumaneignung in der Moderne*, Berlin und München 2016, besonders S. 70f., 111 (zum Carpenter Center) und S. 273–288 (zum Guggenheim-Museum New York).

52 Die Sache mit den Erdbeeren im Monat Mai war immer etwas mysteriös, zumal deren unklare Herkunft. Wahrscheinlich wurden sie extra zu dem Fest eingeflogen.

53 José Luis Sert: *Walter Gropius – 85th Birthday*, in: *hgsda newsletter*, Juni 1968, Nr. 3, Bd. 14.

54 *Time Magazine*, 31.5.1968.

55 Brief von Gropius an den Verfasser vom 12. Juni 1968.

56 Walter Gropius: *Industrialized Building*, in: *Constructor*, August 1969, S. 4ff.

57 Gropius 1883–1969, in: *Bay State Architect*, August 1969, S. 6–8; Fortsetzung S. 27f.

58 Wolf von Eckardt: *Walter Gropius Kept Turning Them On*, in: *Winnipeg Tribune*, Juli 1969.

59 Leonard J. Currie: *Somewhat Biased Reminiscenses of Gropius*, in: *hgsda newsletter*, 1969 (Übersetzung Verf.).

60 Abel J. Diamond: *The Bauhaus School: A Paradox Revealed.* In: *Architecture Canada,* Nr. 530, Bd. 46, Dezember 1969 (Übersetzung Verf.).
61 Brief von Ise Gropius an den Verfasser, Herbst 1972.
62 Thilo Hilpert: *Walter Gropius. Das Bauhaus in Dessau. Von der Idee zur Gestalt,* Frankfurt am Main 1999, S. 44.
63 Ebd.
64 Ise Gropius und James Marston Fitch: *Walter Gropius. Buildings, Plans, Projects 1906–1969.* Catalog of an Exhibition Circulated by the International Exhibitions Foundation 1972.
65 Bericht *In Celebration of Gropius* in der Monatszeitschrift *Architecural Record,* Bd. 171, Nr. 8, Juli 1983, S. 65.
66 Ebd.
67 James Marston Fitch und Daniel P. Branch: *Primitive Architecture and Climate,* in: *Scientific American,* Bd. 203, Nr. 6, Dezember 1960, S. 134–144. – Der brillante Artikel hatte seinerzeit eine Wende in der Betrachtung indigener Siedlungsformen eingeleitet und den Kreis vom Funktionalismus zum klimagerechten Bauen geschlossen.
68 Hans-Joachim Müller: *Rückblick auf das Bauen der Zukunft,* in: *Badische Zeitung,* 18.5.1983.
69 Winfried Nerdinger: *Nur der neue Mensch verdient ein neues Kleid,* in: *Süddeutsche Zeitung,* 18.5.1983
70 Ebd.
71 Gropius/Fitch 1972, S. 21.
72 Helmut Jacobys Rolle als begnadeter Illustrator wurde 2001 in der Ausstellung „Helmut Jacoby – Meister der Architekturzeichnung" im Deutschen Architekturmuseum Frankfurt gewürdigt und damit auch die Bedeutung handgezeichneter *renderings* im Zeitalter digitaler Massenware. Der 1926 in Halle geborene Jacoby hatte neben Gropius auch für Philip Johnson, Marcel Breuer, Eero Saarinen, Ludwig Mies van der Rohe, Ieoh Ming Pei und Norman Foster gearbeitet. In der *Frankfurter Allgemeinen Zeitung* vom 4.9.2001 schildert der Rezensent Christian Preiser in seinem Text *Backsteine der Virtualität* Jacoby als „den bis ins architekturtechnische Detail mitdenkenden und mitkonstruierenden Renderergenius mit seiner Kompetenz zur kreativen Korrektur."
73 Isaacs 1991, S. 275.
74 Ise Gropius im Brief aus Kuba an Reginald Isaacs, 18.1.1957, zitiert nach Isaacs 1991, S. 280.
75 Michael Kubo: *The Incorporation of Architecture: Bureaucratic Modernism and Global Practice after 1945.* Aga Khan Program 2013–2014. Travel Grant Report, S. 7.
76 Ebd., S. 11.
77 Stephen Gardiner: *Kuwait. The Making of a City,* New York 1993, S. 137.
78 Kubo, *The Incorporation,* 2013–2014, S. 9 (Übersetzung Verf.).
79 Ebd., S. 10.
80 Ebd.
81 Neil Parkyn: *Kuwait revisited. Showplace for the World's Architectural Prima Donnas,* in: *Middle East Construction* 9 (September 1983), S. 40.
82 Kubo, *The Incorporation,* 2013–2014, S. 21.
83 Kubo 2013, S. 3.
84 Kubo, *The Incorporation,* 2013–2014, S. 21.
85 *The Architects Collaborative suspends Operations,* in: *Progressive Architecture,* Bd. 76, Juni 1995.

86 Gropius 1956, S. 10: „So hat unsere Generation wahre Greuel von regimentierten Wohnhaussiedlungen produziert, die, obwohl sie auf handwerklicher Basis entstanden sind, in ihrer tödlichen Gleichförmigkeit mühelos mit jenen mißglückten Vorfabrikationssystemen konkurrieren können, die ein und dasselbe Haus vervielfältigen statt nur Hausbestandteile, was die Flexibilität wahren würde. Hier ist nicht das Werkzeug, sondern falsches Denken schuld."

87 Arnold Koerte: *Toward the Design of Shelter Forms in the North. Phase I: Native Shelter Forms.* Center for Settlement Studies, The University of Manitoba, 1974.

88 Isaacs 1991, S. 247.

89 Gropius 1956.

90 Gropius 1968

91 Ludwig Mies van der Rohe in einer Rede zum 70. Geburtstag von Walter Gropius, 18.5.1953

92 Zitiert nach Michael Pilz: *Design oder nicht sein,* in: *Die Welt*, 10.7.2017, S. 22.

Literaturverzeichnis

Blake, Peter: *God's Own Junkyard. The Planned Deterioration of America's Landscape*, New York 1964

Carson, Rachel: *Silent Spring*, Boston 1962 (dt. *Der stumme Frühling*, München 1963).

Currie, Leonard J.: *Somewhat Biased Reminiscenses of Gropius*, in: *hgsda newsletter*, 1969.

Diamond, Abel J.: *The Bauhaus School: A Paradox Revealed*, in: *Architecture Canada*, Nr. 530, Bd. 46, Dezember 1969.

Fehl, Gerd: *Die Legende vom Stadtbaukünstler. Stadtgestalt und Planungsprozeß der Gropiusstadt in Berlin*, in: *Stadtbauwelt* 63, 28.9.1979, S. 275–285

Fitch, James Marston und Branch, Daniel P.: *Primitive Architecture and Climate*, in: *Scientific American*, Bd. 203, Nr. 6, Dezember 1960, S. 134–144

Freixa, Jaume: *Josep Ll. Sert*, Zürich 1980

Gardiner, Stephen: *Kuwait. The Making of a City*, New York 1993

Giedion, Sigfried: *Space, Time and Architecture. The Growth of a New Tradition*, Cambridge 1941

Gropius, Walter: *Apollo in the Democracy. The Cultural Obligation of the Architect*, New York 1968

– Ders.: *Architektur. Wege zu einer optischen Kultur*, Frankfurt am Main/Hamburg 1956

– Ders.: *Industrialized Building*, in: *Constructor*, August 1969, S. 1727

– Ders.: *Not Gothic But Modern For Our Colleges*, in: *New York Times Magazine*, 23.10.1949

– Ders.: *Tradition and Continuity in Architecture*, in: *Architectural Record*, Mai 1964 (Teil 1 von 3), S. 131–136

Gropius, Ise: *Gropius House*, Society for the Preservation of New England Antiquities 1977

Gropius, Ise und Fitch, James Marston: *Walter Gropius. Buildings, Plans, Projects 1906–1969*. Ausstellungskatalog, International Exhibitions Foundation 1972

Gutman, Judith M.: *Is America Used Up?*, New York 1973

Hilpert, Thilo: *Walter Gropius. Das Bauhaus in Dessau. Von der Idee zur Gestalt*, Frankfurt am Main 1999

Isaacs, Reginald: *Walter Gropius. An Illustrated Biography of the Creator of the Bauhaus*, Boston, Toronto und London 1991 (dt. *Walter Gropius. Der Mensch und sein Werk*. 2 Bde., Berlin 1983/1984)

Jacobs, Jane: *The Death and Life of Great American Cities*, New York 1961 (dt. *Tod und Leben großer amerikanischer Städte*, Berlin 1963)

Jacobs, Jane: *Dark Age Ahead*, New York 2004

Koerte, Arnold: *Toward the Design of Shelter Forms in the North. Phase I: Native Shelter Forms*. Center for Settlement Studies, The University of Manitoba, 1974

Koolhaas, Rem: *Ramp* (Elements of Architecture, Bd. 15), Venedig 2014 (Buchreihe zur Architekturbiennale Venedig 2014, eine Kooperation von AMO Rotterdam und von der Harvard Graduate School of Design)

Kubo, Michael: *The Cambridge School. What went on at 46 Brattle Street*, in: *Architecture Boston*, Summer 2013, S. 34–37

– Ders.: *The Incorporation of Architecture: Bureaucratic Modernism and Global Practice after 1945*. Aga Khan Program 2013–2014. Travel Grant Report

Liebs, Chester H.: *Main Street to Miracle Mile. American Roadside Architecture*, Boston 1985

Lupfer, Gilbert und Sigel, Paul: *Walter Gropius 1883–1969. Propagandist der neuen Form.* Köln u. a. 2004
Müller, Hans-Joachim: *Rückblick auf das Bauen der Zukunft,* in: *Badische Zeitung,* 18.5.1983
Müller, Werner u. a.: *dtv-Atlas Baukunst.* Bd. 2, München 1981
Nerdinger, Winfried: *Nur der neue Mensch verdient ein neues Kleid,* in: *Süddeutsche Zeitung,* 18.5.1983
Neufert, Ernst: *Bauentwurfslehre.* 38. Auflage, Wiesbaden 2005 [zuerst Berlin 1936]
o. A.: *Vom Bauhaus nach Harvard,* in: *Die Zeit,* Nr. 18, 6.5.1954, S. 17.
o. A.: Gropius 1883–1969, in: *Bay State Architect,* August 1969, S. 6–8; Fortsetzung S. 27f.
o. A.: *Bank for the Suburbs,* in: *Architectural Forum,* August 1962, Nachdruck von S. 126–129
o. A.: *The Architects Collaborative suspends Operations,* in: *Progressive Architecture,* Bd. 76, Juni 1995.
o. A.: *In Celebration of Gropius,* in: *Architectural Record,* Bd. 171, Nr. 8, Juli 1983, S. 65
Parkyn, Neil: *Kuwait revisited. Showplace for the World's Architectural Prima Donnas,* in: *Middle East Construction,* Bd. 9 (September 1983), S. 39–42
Pehnt, Wolfgang: *Ein Anwender von Kunst. Zum Tode von Herbert Bayer,* in: *Frankfurter Allgemeine Zeitung,* 2.10.1985
Pehnt, Wolfgang: *Genies der Selbstdarstellung,* in: *Frankfurter Allgemeine Zeitung,* Nr. 85, 11.4.2009, S. 35
Pilz, Michael: *Design oder nicht sein,* in: *Die Welt,* 10.7.2017, S. 22
Preiser, Christian: *Backsteine der Virtualität. Bericht über die Ausstellung zu Helmut Jacoby im Deutschen Architekturmuseum Frankfurt,* in: *Frankfurter Allgemeine Zeitung,* 4.9.2001
Rettig, Robert Bell: *Guide to Cambridge Architecture. Ten Walking Tours,* Cambridge (Mass.) und London 1969
Schmertz, Mildred F.: *Modest Architecture for a Fine New England Campus,* in: *Architectural Record,* September 1963, 16-seitiger Nachdruck ohne Seitenzahlen
– Dies.: *A Life in Architecture. How the Boy from Minnesota Became the Man who Reshaped Cities,* in: *Architecture Boston,* Spring 2011, Bd. 14, Nr. 1, S. 23–24,
Schmidt, Doris: *Gropius baut für Rosenthal,* in: *Süddeutsche Zeitung,* Nr. 302, 17.12.1964, S. 20f.
Sert, José Luis: *Walter Gropius – 85th Birthday,* in: *hgsda newsletter,* Juni 1968, Nr. 3, Bd. 14
Time Magazine: *People.* Bericht über Gropius' 85. Geburtstagsfeier in Harvard. New York, 31.5.1968
Wingler, Hans M.: *Bauhaus in America. Resonanz und Weiterentwicklung. Repercussion and Further Development,* hg. vom Bauhaus-Archiv Berlin, 1972
Zürn, Tina: *Bau Körper Bewegung. Prozessuale Raumaneignung in der Moderne,* Berlin und München 2016

Bildnachweis

1 Archiv Verf. – **2** Bauhaus-Archiv, Berlin – **3** aus: Ati Gropius Johansen: *Walter Gropius. The Man Behind the Ideas*, Historic New England 2012, S. 11 – **4** aus: Lupfer / Sigel 2004, S. 2; Walter Gropius © VG Bild-Kunst, Bonn 2019 – **5** aus: *Die Zeit*, Nr. 18, 6.5.1954, S. 17. – **6** aus: Winfried Nerdinger: *Der Architekt Walter Gropius*, 2. erw. Aufl., Berlin 1996, S. 211 – **7** aus: Doris Schmidt: *Gropius baut für Rosenthal*, in: *Süddeutsche Zeitung*, Nr. 302, 17.12.1964, S. 20f. – **8** aus: *Alter Berliner kam gestern nach Berlin*, in: *Der Abend*, Nr. 214, 14. September 1955 – **9** aus: *Bay State Architect*, August 1969 – **10** Archiv Verf. – **11–12** Verf. – **13** Archiv Verf.; Foto Robert Harvey – **14** aus: Liebs 1985, S. 74 – **15** Herbert Bayer © VG Bild-Kunst, Bonn 2019 – **16** Archiv Verf.; Foto Robert Harvey – **17** aus: *New England Architect*, Juni 1971 – **18** aus: Gropius 1968, S. 177 – **19** aus: *hgsda newsletter*, November 1955, Nr. 1, Bd. 13 – **20** Zeichnung Verf., aus: *Bauwelt*, Nr. 25, Bd. 70 (1979), S. 1079 – **21** Archiv Verf.; Walter Gropius © VG Bild-Kunst, Bonn 2019 – **22** aus: *Architectural Record*, Mai 1964, S. 131 – **23** aus: Rettig 1969, o. S., Nr. C5. – **24** aus: Lupfer / Sigel 2004, S. 84 – **25** aus: Isaacs 1983, S. 285 – **26** aus: Isaacs 1983, S. 235 – **27** aus: Lupfer / Sigel 2004, S. 77 – **28** aus: Isaacs 1983, S. 234; Walter Gropius © VG Bild-Kunst, Bonn 2019 – **29** aus: Gropius / Fitch 1972, S. 57; Walter Gropius © VG Bild-Kunst, Bonn 2019 – **30** Foto Verf.; Walter Gropius © VG Bild-Kunst, Bonn 2019 – **31** Archiv Verf.; Walter Gropius © VG Bild-Kunst, Bonn 2019 – **32** aus: Isaacs 1983, S. 222; Walter Gropius © VG Bild-Kunst, Bonn 2019 – **33** aus: Lupfer / Sigel 2004, S. 78; Walter Gropius © VG Bild-Kunst, Bonn 2019 – **34–35** Archiv Verf. – **36** aus: Gropius / Fitch 1972, S. 57 – **37** aus: Isaacs 1983, S. 233 – **38** aus: Lupfer / Sigel 2004, S. 79 – **39** Archiv Verf. – **40** aus: Gropius 1956, Abb. 36 – **41** aus: *The Official Register. Harvard University Graduate School of Design 1989–1990*, Vol. XI, No. 4, July 11, 1989, S. 79 – **42** aus: *Bay State Architect*, August 1969, S. 7; Joan Miró © Successió Miró / VG Bild-Kunst, Bonn 2019 – **43** aus: Wingler 1972, S. 20; Josef Albers © The Josef and Anni Albers Foundation / VG Bild-Kunst, Bonn 2019 – **44** aus: Gropius 1968, S. 77 – **45–46** Foto Verf. – **47** aus: Isaacs 1983, S. 23 – **48** aus: Lupfer / Sigel 2004, S. 15; Walter Gropius © VG Bild-Kunst, Bonn 2019 – **49** aus: Gropius 1968, S. 75 – **50** Zeichnung Verf. – **51** Daniel Schwen, 2010, CC BY-SA 4.0, Wikimedia Commons – **52** aus: Gropius / Fitch 1972, S. 68 – **53** Reiner Flassig, Juli 2007, CC BY-SA 2.0 de, wikimedia commons – **54** © Ezra Stoller / Esto – **55–56** aus: Sonderdruck *Forum*, August 1961, o. S. – **57** aus: Ole Helmhausen: *USA Ost.* Marco Polo, 11. Aufl., Ostfildern 2013, S. 33 – **58** Archiv Verf.; Foto Louis Reens – **59–60** Zeichnung Verf. – **61** aus: Rettig 1969, o. S., Nr. A27 – **62** Zeichnung Verf. – **63** aus: Gropius / Fitch 1972, S. 7; Walter Gropius © VG Bild-Kunst, Bonn 2019 – **64** aus: Gropius 1968, S. 60 – **65** aus: Gropius 1968, S. 58 – **66** aus: Gropius / Fitch 1972, S. 69 – **67** aus: Gropius / Fitch 1972, S. 69; Walter Gropius © VG Bild-Kunst, Bonn 2019 – **68** aus: Gropius / Fitch 1972, S. 75 – **69** aus: Gropius / Fitch 1972, S. 70; Walter Gropius © VG Bild-Kunst, Bonn 2019 – **70** aus: Freixa 1980, S. 141 – **71** aus: Lupfer / Sigel 2004, S. 88; Walter Gropius © VG Bild-Kunst, Bonn 2019 – **72** Marcin Stachowiak (http://modernistyczny-poznan.blogspot.de) – **73** Zeichnung Verf. – **74** Titelseite *The Providence Journal*, 23.10.1963 – **75** Archiv Verf. – **76–80** Zeichnung Verf. – **81** aus: Rettig 1969, o. S., Nr. C2 – **82–83** Zeichnung Verf. – **84** Archiv Verf. – **85** aus: Isaacs 1983, S. 306 – **86** aus: Rettig 1969, o. S., Nr. A56 – **87** Archiv Verf.; Walter Gropius © VG Bild-Kunst, Bonn 2019 – **88** Titelseite *Constructor*, August 1969 – **89** Titelseite *Bay State Architect*, August 1969 – **90** Daderot, 2008, public domain, Wikimedia Commons – **91** Payton Chung, 2014, CC BY-2.0, flickr – **92** Archiv Verf. – **93** aus: Isaacs 1983, S. 309; Walter Gropius © VG Bild-Kunst, Bonn 2019 – **94** aus: Hilpert 1999, S. 44 – **95–96** Archiv Verf.; Walter Gropius © VG Bild-Kunst, Bonn 2019 – **97–98** Archiv Verf.; © Deutsches Architekturmuseum, Frankfurt am Main – **99** aus: *The Idea Giver*, in: *Time* Magazine, 18.7.1969, S. 67 / 68 – **100** Archiv Verf. – **101** Zeichnung Verf. – **102** aus: Kubo, The Incorporation, 2013–2014, S. 19 – **103** Archiv Verf. – **104** aus: Isaacs 1983, S. 249; Walter Gropius © VG Bild-Kunst, Bonn – **105** Zeichnung Verf. – **106** aus*: The* Idea Giver, in: Time Magazine, 18.7.1969, S. 67 / 68

Personenregister

Walter Gropius und TAC sind aufgrund der Häufigkeit ihrer Nennung nicht verzeichnet.

Albee, Edward 128
Albers, Josef 82, *83*, 176
American Institute of Architects (AIA) (Architekturbüro) 99, 146
Architectural Resources Cambridge (ARC) (Architekturbüro) 172
Arp, Hans (Jean) 82
Bandel, Hans 114
Bastlund, Knud 171
Bayer, Herbert 42, 43, 82
Belluschi, Pietro 62, 145
Ben Thompson & Associates (BTA) (Architekturbüro) 45
Birdsall, Ernestine 121
Braque, Georges 114
Breuer, Marcel *55*, 74, 77, 176
Brinkley, David 20
Brooker, Richard 157
Caesar, Julius 43
Cambridge Seven Associates (C7A) (Architekturbüro) 95, 128, 172
Chadirji, Rifat 150
Chermayeff, Peter 128
Clay, Cassius 181
Coates, Wells 74
Cronkite, Walter 20
Currie, Leonard J. 139
Curtis, Nancy 73, 76
Cvijanovic, Alexander 26, 105–107, 110–115, 148
Deluti, Mr. 125
Ebert, Wils 110, 112
Eckardt, Wolf von 137
Eichberg, Werner 122
Elkus, Howard 146
Emery Roth & Sons (Architekturbüro) 62
Fitch, James Marston 149, 150
Fletcher, Jean B. 25, 26, 28, 97, 99
Fletcher, Norman C. („Fletch") 25–28, *30*, 97, 99, 135. 146, 150
Frank, Ise siehe Gropius, Ise, geb. Frank
Franzen, Ulrich 59
Frey, Maxwell 85
Gallagher, Herbert 36
Gans, Herbert 107
Geddis, William J. 26, 50
General Panel Corporation (Bauunternehmen) 174
Giedion, Sigfried 22, 55, 116
Giurgola, Romaldo 22, 89, 146
Glaser, Samuel 48, 49, 85, 87, 112
Goebbels, Josef 26
Gropius, Ati 16, 75, 76, 175
Gropius, Ise, geb. Frank 15, 16, 25, 36, 53, 61, 69, 71–73, 75, *133*, 138, 139, 142, 150, 161, 175
Harkness & Geddes (Architekturbüro) 117, *118*
Harkness, John C. („Chip") 25–28, 30, 37, 54, 56, 94, 100, 101, 104, 105, 117, 135, 150, 158., 159
Harkness, Sarah P. („Sally") 25, 26, 150, 176
Harvey, Robert D. 44, 99
Hayes, John 26
Hunter, Benjamin 50, *118*
Huntley, Chet 20
Isaacs, Reginald 175
Jacoby, Helmut 124, 154, *155*,
Jäckh, Ernst 26
Johnson, Philipp 77
Kahn, Louis 22, 89
Kallman and McKinell (Architekturbüro) 89
Karas, Phokian 99
Kennedy, John F. 19–21, 59, 82, 89, 142
Kluver, Roland 26, 49, 148
Le Corbusier 22, *54*, 79, 116, 138, 151, 171
Lissitzky, El 149
Lippold, Richard *27*, 37
Mahler, Victor C. 16, 101
Maki, Fumihiko 69
Malewitch, Kasimir 149
Mawha, Donald 26
McMillan, Robert S. 25–28, 157
McMillen, Louis A. 25–28, 37, 112, 123, 150, 157, 158, 162

Mies van der Rohe, Ludwig 62, 138, 151, 176
Miró, Joan 82
Moholy-Nagy, László 140
Morton, Peter 26, 123, 157
Neufert, Ernst 73
Nivola, Constantino 116
Paepke, Elizabeth 140
Pan-Arab Consulting Engineers (Architekturbüro) 163
Parkyn, Neil 164
Payne, Morse 26, 117, *118*, 123, 157
Pei, I.M. *56*, 163
Pusey, Nathan 134, 135
Reens, Louis 99
Roger, Dieter 106, 110
Roosevelt, Franklin D. 87
Rudolph, Paul 22, 59, 79
Saarinen and Swanson (Architekturbüro) 25
Samuel Glaser Associates (Architekturbüro) 47, 85
Scott, John 26
Sekler, Eduard 22, 55
Sert, Jackson & Gourley (Architekturbüro) 170
Sert, José Luis 15, 22, 38, 55, 79, 113, *114*, 116, 140, *170*
Sheehy, John 26, 171
Sheffield, David 118, 120
Shephard, Adelaine 49
Shiber, Saba George 164
Skidmore, Owings & Merill (Architekturbüro) 25
Soltan, Jerzy 116
Stoller, Ezra 99
Storrow, Helen 74
Taut, Bruno 11, 106, 108
Taylor, Kenneth 26
Thompson, Benjamin C. 25, 38, 39, 45, 47, 83, 91, 93–95, 106, 161
Ticknor, Malcolm 26
Turner, Robert 26
Tyrwhitt, Jaqueline 116
Wachsmann, Konrad *173*, 174, 176
Williams, Amancio 148
Wingler, Hans Maria 112
Wright, Frank Lloyd 138, 151, 178
Zalewski, Joseph 116, 171

Orts- und Objektregister

Algerien 124
Amberg
- Thomas-Glaswerk 110, *111*
- Rosenthal-Porzellanfabrik 35

Andover 90, 91, 93, 94,
Argentinien 37, 148, 149, 162
Athen, US-Botschaft 163
Bagdad, Universität 63, 153, 154, *155*, *156*, 157, 161, 162
„Bensville“ 94
Berlin 20, 26, *31*, 32, *36*, 61, 65, 105, 106, 107, 109, 110, 142
- Bauhaus-Archiv 112, *113*, 114, *115*, 176
- Berliner Mauer 19, 20
- Gropiusstadt 35, 105, 106, 107, 108, *110*, *111*
- Hufeisensiedlung Britz 106, 108, 109
- Tiergarten 32

Bloomfield Hills, Mich. 25
Boston, Mass. 25, 27, 44, 47–50, 54, 56, 59, 83–90, 93, 101, *103*, 112, 124–128, 136, 140, 147, 150, 162, 171, 172, 174
- Boston Architectural Center 59
- Boston Arts Festival 56
- Charles Playhouse 128
- Childrens' Hospital 100, *103*
- City Hall *89*, 162
- Copley Place 147
- Federal Office Building 47, 48, *84*, *85*, *88*, 89, *90*, 112
- Goethe-Institut 150
- John F. Kennedy Federal Building, siehe Boston, Federal Office Building
- Public Library 150
- University 140, 171

Brookline, Mass., Putterham Branch Library *98*, 99
Buenos Aires, Residenz des Deutschen Botschafters 148
Cambridge, Mass.
- Appian Way 65
- *Architects' Corner* 45
- Brattle Street, 4 170
- Brattle Street, 42 122
- Brattle Street, 46 122
- Brattle Street, 63 61, 65, 105,
- Carpenter Center for the Visual Arts 116, 171
- Harvard Graduate Center *27*, 30, 32, 37, 81–83, 116
- Harvard Graduate School of Design (GSD) 25, 26, 53, 54, 116, *135*, 140
- Harvard Married Students Housing Project 140
- Harvard Square 20, 45, 134, 170
- Harvard University 22, 25, 30, 54, 55, 58, 59, 61, 62, 82, 101, 116, 125, 131, 134, 135, 176
- Harvard Yard 81, 135, 140
- Holyoke Center 170
- Laboratory of Experimental Geology 101
- Memorial Drive 131
- Mount Auburn Street, 136 94, 169
- Peabody Terrace *170*, 171
- Robinson Hall 134, *135*
- Story Street, 1 38, 47, 94

Chelmsford 90
Chicago 47, 135, 139, 140
- Chicago Circle 139
- Prairie Road 140
- University of Illinois, College of Architecture and Art 139

„Chiptown“ 94
Darmstadt, Rosenhöhe 112–116
Deerfield 90
Denver 147
Dessau 53, 74, 149
Deutschland 19, 29–31, 36, 37, 105, 111, 124, 150, 176
Düsseldorf 61
- Thyssen-Hochhaus 86

Great Neck, N.Y., Chase Manhattan Branch Bank 95, 99
Griechenland 124
Hongkong 37, 171
Irak 124, 153–157, 165, 172
Iran 162
Japan 69, 157

Jefferson County, Colorado, Johns Manville Headqarters 147
Jugoslawien (ehem.) 124
Kalifornien 174
Kanada 19, 21, 134, 137, 141, 142, 172, 175
Köln, Bürogebäude Werkbundausstellung 85, *86*
Kopenhagen 171
Korea 104
Kuba 19, 20, 37
Kuwait 28, 124, 161–165, 172
Kuwait-City 166
– Arab Organizations Headquarters Building 163
– Börse 165
– Bürohochhaus Erweiterung 163
– Kuwait Fund for Arab Economic Development 162, 163
– Souk Al-Manakh 163
– Souk Al-Safat 163
– Souk Al-Wataniya 163
– TAC-Zweigbüro 161
Levittown, N.Y. 107
Lincoln, Mass., Haus Gropius 21, 65, 69–79, 138
London 42, 62
– Carnaby Street 62
– Chelsea, Haus Ben Levy 85, *86*
– Piccadilly Circus 38–45, 47, 63, 124
Moskau 149
München, Technische Hochschule 32, 43, 122, 154
Naher Osten 153, 161, 171
Nebraska 49
Needham, Mass. 90
Neuengland 77, 90, 97, 102, 110, 127
New England, siehe Neuengland
New Haven, Conn., Yale University 25, 58, 59
New York City 21, 25, 36, 154, 156,
– Columbia University 150
– Grand Central Station 63, *64*
– Manhattan 63
– Pan-Am-Building 62–65, 86, *87*, 126
– Seagram Building 62
Newport, R.I., The Ledges *126*, 127
Normandie 50
Österreich 171
Paris 79, 171
Philadelphia 146
Providence, R.I., Classical Central Education Center 117–121
Reston Township, Va. 108
Rom 28, 125
– TAC-Zweigbüro 37, 158, 161
Saint-Paul-de-Vence, Fondation Maeght 114
San Francisco, TAC-Zweigbüro 28, 172
Saudi-Arabien 124, 162
Selb, Rosenthal-Porzellanfabrik 35
Shrewsbury, Mass., Worcester Foundation for Experimental Biology 90, 96
Shuwaik (Kuwait), Arab Organisations Headquarters Building 163
Singapur 159, 163
Tunis 158, 161
– Universität, Bibliotheksgebäude der juristischen Fakultät 158, *160*, 163
Venedig 156
– Piazza San Marco 157
Waltham (Mass.), Brandeis University 91–93
Washington D.C.
– AIA Headquarters Building 146
– General Services Administration 85–87
– Octagon House, siehe Washington, AIA Headquarters Buildung
Weimar 74, 75, 131, 138
Williamstown, Mass., Clark Art Institute Building 145
Winnipeg, University of Manitoba, Center for Settlement Studies (CSS) 135, 172, 175
Woburn, Mass. 49
Zypern 124

Sachregister

A-frame 111
AIA Honor Award 147
Altbauerhaltung 21, 150
Architecture Firm Award 99
Architekturmodelle 39, *40*, 41, 43, 44, 45, 55, 59, 93, 106, *107*, 110, 112, 113, 124, *148*, 158, *174*
Art Nouveau 49
balloon-frame 73
Bauhaus 22, 28, 29, *30*, 31, 36, 42, 43, 53, 70, 72, 73, 96, 97, 135, 138, 139, 140, 141, 142, 149, 151, 175, 176, 177, 178
Bauhaus-Archiv 112, *113*, 114, *115*, 176
Bauhausfeste 74, 131
Bauhaus-Symposium Chicago 135, 139
Beton, siehe Sichtbeton 21, 22, 41
book alcoves 99
brise soleil siehe Sonnenblende
Brutalismus 19, 21, 22, 59
bush-hammering 90, 91, *92*, 96, 102, 157, 159, 163
Cambridge Modern 22, 29
Cambridge School of Architecture and Landscape Architecture 25
Campusarchitektur 30, 81, 90, 91, 93, 102, 110, 117, *118*, 145, *154*,
CIAM-Kongress 79
civil rights movement 19
College-Bauten, siehe Campusarchitektur
colonial style, siehe Kolonialarchitektur
contractor 97
corporate architecture 145, 163
cost controller 121
country residence 74, 76, 127
Demokratie 19, 30, 37, 61, 99, 150
Denkmalschutz 21, 76, 150
Design Research (D/R, Einrichtungshaus) 45
designers 25, 26, 43, 45, 47, 48, 49, 53, 134, 140, 172,
developers 125, 127
Eisernes Kreuz 73, *74*
Eklektizismus 63
enemy alien 55
Erdöl 162
Erster Weltkrieg 72, 73, 175
Existenzminimum 79
Formalismus 32, 99
Fotograf 44, 99
freedom rider 19
Funktionalismus 151
Funktionalität 96, 101, 104, 116
Gemeinschaftswerk, siehe Teamarbeit
Golfkrieg 172
Golfstaaten 162, 166
Government Specifications 87
Great Depression 87
Grope-Fest 131, 140
Großtafelbauweise, siehe Industrialisiertes Bauen
Harvardianische Gotik 82
historische Bausubstanz 21, 85, 146
Historismus 22, 158
Industrialisiertes Bauen 77, 151, 174, 175
institutional style 145
Institutsbauten, siehe Campusarchitektur
Interbau 1957 (Ausstellung Berlin) *31*, 32
Inuit 173
Iraq Development Board 153j
juries 55, 56, 57, 58
Kassettendecke 93, 94, 96
klimagerechtes Bauen 159, 173
kollektive Arbeitsweise, siehe Teamarbeit
Kolonialarchitektur 77, 97
Komponenten-Bauweise, siehe Industrialisiertes Bauen
konstruktive Ehrlichkeit 91, 93
Kubakrise 19, 20
Kunstlicht 112, 113
Land Art 149
M.I.T. (Massachusetts Institute of Technology) 19
March of Tears 50
Materialgerechtigkeit 93, 94
mechanical engineer 112
modern movement 29, 176
Modelle, siehe Architekturmodelle
Moderne 21, 22, 30, 36, 73, 77, 79, 82, 93, 97, 141, 150, 154, 156, 157, 159, 161, 177, 178

– *Cambridge Modern* 29
– *modern movement* 29, 176
– frühe Moderne 110
– Nachkriegsmoderne 79
– Postmoderne 79, 150
Motel 125, 127
Multifunktionalität 104
Museumsbauten 113, 114
Nachkriegsmoderne 79
Neue Sachlichkeit 22, 104
Neuengland-Stil 38, 76, 77, 97
Neues Bauen 178
New Bauhaus 140
New Deal 87
Nissen-Hütten 173
Packaged House System *173*, 174
planned neighbourhood 108, 127
podium 39
porch *72*, 73, 76
Postmoderne 79, 150
Projektentwickler, siehe *developers*
Rampenmotiv 82, 114, 116,
Rationalität 104
räumliche Wahrnehmung 57, *58*, 105
Raumskulptur 149
Regionalismus 77, 127, 159
rendering 124, 154
rounded corners 83, *84*, *85*, 86, *92*
runde Ecken, siehe *rounded corners*
Sheddach 114
Sichtbeton 21, 22, 41, 89, 90, 91, 93, 94, 96, 101, 104, 122, 123, 145, 157, 159, 162, 163
Sichtziegelwand 90, 91, 94, 96, 101, 121, 122, 123, 145
single-site-development 164
Society for the Preservation of New England Antiquities (SPNEA) 76
Sonnenblende 96, 156, 158
Sozialer Wohnungsbau 32, 109
Stadtkrone 116
Stockhammer-Technik siehe *bush-hammering*
suburbs/suburbia 95, 96, 107, 108, 127, 173
Suprematismus 149
Swinging Britain 62
Tageslicht 86, 91, 94, 110, 112, 114
Teamarbeit 25, 26, 28, 30, 36, 37, 38, 42, 47, 53, 83, 101, 110, 117, 125, 136, 138, 139, 151, 157, 169, 172
Tektonik 21, 145
Umweltschutz 19, 21, 45, 142, 150, 156, 159
Vietnamkrieg 19
Vorstadt, siehe *suburbs*
VW-Käfer 65
Wettbewerbe 117, *118*, 122, 147, 169
Wolkenbügel 149
working drawing people 47
Wüste 158, 159, 162, 163
Zentralperspektive 103
Zersiedelung 127
Zweiter Weltkrieg 25, 50, 51, 55, 101